Alfred Söllner
Einführung in die römische
Rechtsgeschichte

W0190754

Alfred Söllner

Einführung in die römische Rechtsgeschichte

Verlag C.H.Beck München

Die erste Auflage dieses Buches erschien unter dem Titel
‚Römische Rechtsgeschichte‘ 1971 im Verlag Rombach + Co Freiburg

Das Umschlagbild gibt einen Ausschnitt aus einem zwischen 540 und 547 n. Chr.
entstandenen byzantinischen Mosaik in der Kirche S. Vitale in Ravenna
wieder. Es handelt sich um ein Bildnis des Kaisers Justinian, dem die später
als Corpus Iuris bezeichnete Sammlung des antiken römischen Rechts
zu verdanken ist.

CIP-Titelaufnahme der Deutschen Bibliothek

Söllner, Alfred:
Einführung in die römische Rechtsgeschichte /
Alfred Söllner. – 5., überarb. Aufl. – München : Beck, 1996
ISBN 3 406 34269 8

ISBN 3 406 34269 8

Fünfte, überarbeitete Auflage. 1996
Umschlagentwurf: Bruno Schachtner, Dachau
© C.H.Beck'sche Verlagsbuchhandlung (Oscar Beck), München 1989
Gesamtherstellung: C.H.Beck'sche Buchdruckerei, Nördlingen
Printed in Germany

Inhalt

Vorwort

Mit dieser Schrift wird der Versuch unternommen, eine knappe Darstellung der antiken römischen Rechtsentwicklung mit einer Einführung in die Quellen des römischen Rechts zu verbinden. Bei der Abfassung des Textes war ich bestrebt, möglichst wenig an Kenntnissen beim Leser vorauszusetzen und vieles zu erklären, was sonst als bekannt gilt. Daher meinte ich auch, eine Anzahl ausgewählter Quellenstellen im Wortlaut und in deutscher Übersetzung wiedergeben zu sollen. Dem einführenden Charakter der Darstellung entspricht die Beschränkung in den Literaturhinweisen, die den Leser in die Lage versetzen sollen, selbständig nach dem Wissenswerten weiterzusuchen.

Diese Schrift wendet sich nicht nur an den Studenten der Rechtswissenschaft. Auch dem Studenten der klassischen Altertumswissenschaft und dem sonst Interessierten vermag sie vielleicht den Zugang zu einem Wissensgebiet zu erschließen, das für die Alte Geschichte und die antike Kulturgeschichte nicht minder wichtig ist als für das Verständnis vieler Werke der römischen Dichtkunst.

In der Neuauflage sind die Literaturhinweise ergänzt und auf den neuesten Stand gebracht worden. Für wertvolle Mithilfe habe ich wiederum Herrn Studiendirektor Dr. *Kurt Telschow*, Universität Kiel, herzlich zu danken.

Gießen, im Dezember 1995   *Alfred Söllner*

Einleitung

§ 1 Römische Rechtsgeschichte in unserer Zeit

Das römische Recht ist ein antikes Kulturgut hohen Ranges. Darin erschöpft sich jedoch seine Bedeutung für die Gegenwart nicht, denn auch aus der Geschichte des geltenden Rechts ist es nicht hinwegzudenken. Zwar haben die Zeiten, in denen römisches Recht in Deutschland als ‚gemeines Recht‘ galt, mit dem Inkrafttreten des Bürgerlichen Gesetzbuchs am 1. Januar 1900 ihr Ende gefunden. Aber im Bürgerlichen Gesetzbuch selbst wie im Rechtsdenken der Gegenwart überhaupt wirkt römisch-rechtliches Gedankengut in hohem Maße fort. Allen Einwänden zum Trotz ist daher die Beschäftigung mit dem römischen Recht und seiner geschichtlichen Entwicklung auch für den Juristen unserer Tage unerläßlich. Folgende Erwägungen mögen dies verdeutlichen:

1. Infolge des im hohen Mittelalter beginnenden Vorganges, den man die Rezeption des römischen Rechts in Deutschland nennt, sind weite Bereiche des geltenden Rechts, insbesondere des Privatrechts, aus dem römischen Recht entstanden. Viele der gegenwärtigen Rechtsgrundsätze und geltenden Gesetzesvorschriften lassen sich nur aus dieser geschichtlichen Entwicklung *erklären* und zutreffend *anwenden*.

2. Die moderne Gesetzgebung entfernt sich immer mehr von dem Idealbild der ‚Kodifikation‘. Statt eines alle Fragen abschließend regelnden Gesetzbuchs bringt die Gesetzgebung unserer Tage immer neue Gesetze hervor, die einzelne Probleme des sozialen Zusammenlebens lösen sollen. Solche isolierten, für den Tag und nicht für die Ewigkeit bestimmten Gesetze lassen oft genug Lücken offen, die der Jurist schließen muß. Soll diese Entwicklung nicht zu einer unberechenbaren ‚Kadijustiz‘ führen, bedarf es einer Besinnung auf die Systematik und Begrifflichkeit der Rechtsordnung, die allein die Rechtssicherheit und damit letztlich die *Rechtsstaatlichkeit* gewährleisten können. Systematik und Dogmatik des geltenden Rechts sind aber zum größten Teil von jener Rechtswissenschaft entwickelt worden, die bis zum Beginn unseres Jahrhunderts vorzugsweise eine Wissenschaft des römischen Rechts war.

3. Das römische Recht zeichnet sich durch eine besonders gute Methode in der Bewältigung praktischer Probleme, das heißt durch eine gute

Rechtstechnik aus. Nicht umsonst wurde das römische Recht über Jahrhunderte hinweg als ‚*ratio scripta*' angesehen. Daher ist es sinnvoll und nützlich zu fragen, welchen Problemen sich die römischen Juristen gegenübersahen und wie sie diese Probleme lösten. Aus einer solchen problembezogenen Betrachtung des römischen Rechts lassen sich wertvolle Erkenntnisse für die Behandlung heutiger Rechtsprobleme gewinnen. Es ist das dieselbe Methode, die von der rechtsvergleichenden Wissenschaft angewendet wird. Rechtsgeschichte wird hier im Sinne der modernen *Rechtsvergleichung* fruchtbar gemacht. Diese Art der Beschäftigung mit dem römischen Recht führt zu einer kritischen Haltung gegenüber der Dogmatik des geltenden Rechts, zeigt sie doch, daß es auch andere denkbare Lösungsmöglichkeiten und Gestaltungsformen gibt, als sie das geltende Recht kennt.

Für eine gerechte und praktikable Lösung sozialer Konflikte gibt es aber immer nur eine beschränkte Zahl von Möglichkeiten. Diese Begrenztheit des zur Verfügung stehenden juristischen Instrumentariums führt bisweilen zu einer Wiederkehr früher ausgebildeter, dann aber in Vergessenheit geratener Rechtsfiguren. So kennt das moderne Recht einerseits bewußte Rückgriffe auf rechtliche Institutionen der Vergangenheit, andererseits aber auch vermeintliche Neubildungen, die in Wahrheit bereits in der römischen Rechtsgeschichte vorzufinden sind.

4. Im Zeichen des Strebens nach einer europäischen Einigung auf wirtschaftlicher und politischer Ebene wird auch die Forderung nach einer Annäherung und schrittweisen Vereinheitlichung der nationalen Rechte in Europa erhoben. Nun hat aber bereits eine europäische *Rechtseinheit* auf der Basis des im Mittelalter neu belebten römischen Rechts bis weit in die Neuzeit hinein bestanden. Diese Einheit wurde auch durch die Entstehung der Nationalstaaten in Europa und das Erstarken der Fürstenstaaten auf deutschem Boden nicht beseitigt. Erst mit den großen Kodifikationen an der Wende vom 18. zum 19. Jahrhundert (Preußisches Allgemeines Landrecht: 1794; Code Napoléon: 1803–1807; Österr. Allgemeines Bürgerliches Gesetzbuch: 1811) strebt die Rechtsentwicklung auseinander. Einer europäischen Rechtseinheit kann daher nichts förderlicher sein als die Besinnung auf die gemeinsame kontinental-europäische Rechtstradition, die vornehmlich eine Tradition des römischen Rechtes ist.

§ 2 Zum Gegenstand der Darstellung

I. Zielsetzung

Nach dem in früheren Jahren üblichen Lehrplan der deutschen Universitäten sollte die Vorlesung ‚Römische Rechtsgeschichte' die Entwicklung aufzeigen, die das römische Recht von primitiven Anfängen zu seiner Blüte und zum Fortwirken in den kontinental-europäischen Rechten geführt hat. Im Gegensatz zu der Vorlesung ‚Römisches Privatrecht' (oder ‚System des römischen Rechts') will sie nicht den Inhalt des materiellen römischen Rechts beschreiben, sondern die ‚äußeren' Bedingungen darlegen, unter denen sich das römische Recht entwickelt hat. Das gleiche Ziel verfolgen die Buchpublikationen, die seit dem 19. Jahrhundert in nicht unbeträchtlicher Zahl unter dem Titel ‚Römische Rechtsgeschichte' erschienen sind.

In dieser Zielsetzung will die vorliegende Darstellung nicht von den herkömmlichen abweichen. Mehr als früher ist es heute aber geboten, den an der römischen Rechtsgeschichte Interessierten mit den Geschichtsquellen selbst vertraut zu machen. Das erfordert nicht nur die Wiedergabe von Quellentexten, sondern auch deren Übersetzung, wenn auch jeder Übersetzung bestimmte Schwächen zwangsläufig anhaften. Auf die Behandlung der geschichtlichen Zusammenhänge wird nicht verzichtet; sie schließt sich aber teils eng, teils weniger eng an die abgedruckten Quellentexte an.

II. Schwerpunkte

Das Schwergewicht der Darstellung liegt auf solchen Materien, die für das Verständnis der materiellen Regeln des römischen Privatrechts der klassischen Periode unerläßlich sind. Aus diesem Blickwinkel erklärt es sich auch, daß das altrömische Recht, wie es sich aus den Fragmenten der Zwölftafeln erschließen läßt, und die Grundstrukturen des römischen Zivilprozesses in die Darstellung einbezogen sind. Dem materiellen Recht der republikanischen Zeit wird verhältnismäßig breiter Raum gewährt. Insoweit wird die herkömmliche Beschränkung auf die ‚äußeren' Bedingungen der Rechtsentwicklung aufgegeben. Die in jener Zeit geschaffenen Rechtsinstitute und die damals eingeleiteten Entwicklungen sind ebenso wichtige geschichtliche Voraussetzungen für die Entfaltung des römischen Rechts in der klassischen Periode wie die staatsrechtlichen und die wirtschaftlich-sozialen Gegebenheiten.

Dem Leser soll ferner durch eine Schilderung der Literaturgattungen,

die die römische Rechtswissenschaft hervorgebracht hat, und durch ein
Eingehen auf die Struktur der justinianischen Kodifikation der Zugang zu
den Quellen des römischen Privatrechts geebnet und der Umgang mit
ihnen erleichtert werden. Vielleicht kann dadurch eine Hilfestellung gegeben werden für die römisch-rechtliche Exegese (Digestenexegese).
Die Darstellung alles dessen verlangt jedoch den Verzicht auf die Behandlung anderer wichtiger Materien. Der Blick ist oft nur auf die stadt-
römischen Verhältnisse gerichtet und läßt Entwicklungen in den von
Rom beherrschten Territorien außer Betracht. Auf dem Gebiete des
Staatsrechts können nur die wichtigsten Institutionen des römischen
Staates behandelt werden. Ferner lassen sich die geistigen und geistesge-
schichtlichen Zusammenhänge in einer knapp gefaßten Darstellung der
römischen Rechtsgeschichte nicht in voller Breite erörtern.

III. Querverbindungen

Es gibt Bestrebungen, der römischen Rechtsgeschichte ihre Eigenständig-
keit abzusprechen oder sie doch zumindest in einen größeren Rahmen zu
stellen, nämlich in den Rahmen der *Antiken Rechtsgeschichte*. In der
Antiken Rechtsgeschichte hat die römische Rechtsgeschichte ihren
Platz neben der Geschichte des assyrischen, babylonischen, hebräischen,
ägyptischen und griechischen Rechts. Dieser Betrachtungsweise soll hier
nicht gefolgt werden, wenn auch zu berücksichtigen ist, daß griechisches
Recht und mehr noch die griechische Philosophie und Rhetorik das römische Recht auf verschiedenen Entwicklungsstufen beeinflußt haben.

Die Römer sind als Indogermanen auch in Sitte und Recht den anderen
indogermanischen Völkern verwandt. Man könnte daran denken, die römische Rechtsgeschichte in den Rahmen einer *Indogermanischen Rechtsgeschichte* hineinzustellen. Ein solches Vorhaben hat aber nur dann Sinn,
wenn man berücksichtigt, daß die einzelnen indogermanischen Völker zu
sehr verschiedenen Zeiten ihre Kultur entwickelt haben. So weist das
germanisch-deutsche Recht des Mittelalters Züge auf, die dem römischen
Recht etwa zur Zeit der Zwölftafeln (Mitte des 5. Jhdts. v. Chr.) zu eigen
sind. Berücksichtigt man solche zeitlichen Verschiebungen, so kann eine
Erforschung ein und desselben Phänomens bei den indogermanischen
Völkern wertvolle Aufschlüsse geben.

Darüber hinaus ist festzustellen, daß auch dort, wo eine stammesge-
schichtliche Verwandtschaft (wie unter den Indogermanen) fehlt, auf bestimmten Entwicklungsstufen die Rechtssysteme einander gleichen und
ähnliche Rechtsinstitute entwickelt werden. Solche Ähnlichkeiten festzu-

stellen, um daraus auf Eigentümlichkeiten des römischen Rechts zurück-
zuschließen, ist das Ziel der *Vergleichenden Rechtsgeschichte*.

Leider läßt sich im Rahmen der vorliegenden Schrift weder ‚antike‘
noch ‚indogermanische‘ noch ‚vergleichende‘ Rechtsgeschichte in dem
dargelegten Sinne betreiben, so reizvoll das auch wäre. Der interessierte
Leser muß auf die weiterführende Literatur verwiesen werden.

IV. Entwicklungsstufen

Die Rechtshistorie ist ein Zweig der historischen Wissenschaft. Mit den
Methoden dieser Wissenschaft hat auch sie zu arbeiten. Eine Entwicklung
wie die des römischen Rechts vollzieht sich in dem ununterbrochenen
Kontinuum der *Zeit*. Um eine Entwicklung zu charakterisieren, greift der
Historiker zu einem Hilfsmittel: Er unterscheidet gewisse Stufen der
Entwicklung. Eine solche ‚Periodisierung‘ hat immer etwas Willkürliches
an sich. Sie ist auch gefährlich, denn sie verdunkelt die Tatsache, daß die
Geschichte ebenso wie die Natur keine Sprünge macht. Vielleicht ist die
Periodisierung ein notwendiges Übel. Nur darf man nie vergessen, daß es
sich um eine Einteilung handelt, die wir aus unserer heutigen Sicht vornehmen und die je nach der subjektiven Einstellung eines Autors eine
verschieden sein kann.

Hinsichtlich der Entwicklung des römischen Rechts kann man diese
Einteilung unter vorwiegend staatsrechtlichem Aspekt treffen und
kommt dann zu folgenden Perioden der römischen Rechtsgeschichte:

– Königszeit	bis 510 v. Chr.
(oder ‚Adelsstaat‘	bis 367 v. Chr.)
– Republik	bis Caesar oder Augustus
– Prinzipat	bis Diokletian oder Konstantin
– Dominat	einschließlich Justinian

Demgegenüber wird in anderen Darstellungen eine stärker auf wirtschaftlichen, sozialen und kulturellen Gesichtspunkten beruhende Einteilung bevorzugt:

– Frühzeit	bis zur Mitte des
(bäuerliches Zeitalter)	3. Jahrhunderts v. Chr.
– Die Zeit der römischen Groß-	bis zur Mitte des
macht und Weltherrschaft	3. Jahrhunderts n. Chr.
– Spätzeit	
(Zeit des Niederganges)	bis Justinian

Hier soll dagegen stärker auf die Entwicklung des römischen Privatrechts und der römischen Rechtswissenschaft abgestellt werden. Wir wollen danach folgende fünf Perioden unterscheiden:

- Die Zeit der Vor- und Frühgeschichte des römischen Rechts, die mit der Königszeit zusammenfällt und von manchen auch ‚vordezemvirale‘ Zeit genannt wird.
- Die Zeit des altrömischen *ius* und des vorklassischen Rechts (republikanische Zeit), an deren Beginn das Zwölftafelgesetz steht.
- Das Zeitalter des klassischen römischen Rechts, das ungefähr mit dem des Prinzipats gleichzusetzen ist.
- Die nachklassischen Entwicklungen unter dem Dominat in Westrom und Ostrom.
- Die justinianische Kodifikation und das Fortleben des römischen Rechts.

Die weitere Entwicklung, die mit dem Wiederentdecken des Corpus Iuris in Oberitalien im 11. Jahrhundert n. Chr. einsetzt und zur Rezeption des römischen Rechts diesseits der Alpen führt, wird herkömmlicherweise in den Vorlesungen und Darstellungen behandelt, die den Namen ‚Neuere Privatrechtsgeschichte‘ oder ‚Privatrechtsgeschichte der Neuzeit‘ führen.

§ 3 Literatur zum römischen Recht

I. Vorbemerkung
Das römische Recht ist seit dem hohen Mittelalter Gegenstand wissenschaftlicher Reflexion. Die wissenschaftlichen Strömungen hatten jedoch zu den verschiedenen Zeiten recht unterschiedliche Methoden und Erkenntnisziele. Das schlägt sich jeweils in der literarischen Produktion nieder, was insbesondere bei der Benutzung älterer Literatur zum römischen Recht zu beachten ist.

Die neuere Literatur ist im Anhang in Auswahl nachgewiesen. Im folgenden sollen einige Eigentümlichkeiten der älteren, hier nicht im einzelnen verzeichneten Literatur hervorgehoben werden.

II. Glossen und Kommentare des Mittelalters
Die Glossatoren und Kommentatoren (11. bis 15. Jhdt.), deren Schriften in gedruckter Form leicht zugänglich sind, bemühten sich um die Exegese römischer Rechtsquellen (vgl. unten § 25 I). Erstaunlich sind ihre Quellenkenntnisse, die sich in der Heranziehung von vielen Parallelstellen zu

der jeweils behandelten Quellenstelle niederschlagen. Insoweit vermögen die mittelalterlichen Juristenschriften bei der rechtshistorischen Exegese auch heute noch Hilfestellung zu leisten. In der Verwertung ihrer sachlichen Aussagen ist aber Vorsicht geboten. Die Texte des Corpus Iuris wurden nämlich von den mittelalterlichen Juristen nach dem Vorbild der Bibelexegese in scholastischer Manier interpretiert. Es fehlte der historische Aspekt. Man versuchte, das Corpus Iuris aus sich selbst heraus zu verstehen. Widersprüche in den Texten wurden durch logische Unterscheidungen (Distinktionen) beseitigt. Das führte – vom rechtsgeschichtlichen Standpunkt aus betrachtet – zu mancherlei Fehldeutungen. Die Arbeit der mittelalterlichen Juristen ist darum nicht gering zu veranschlagen; erst sie ermöglichte das Fortwirken des römischen Rechts in die Neuzeit (vgl. unten § 25 I). Aber sie zielte eben nicht auf rechtshistorische Erkenntnisse.

III. Literatur des Humanismus und des *Usus modernus pandectarum*
Eine rechtshistorische Würdigung erfahren die überlieferten römischen Rechtsquellen erst im Humanismus. Der ‚antiquarischen‘ Literatur des 16. bis 18. Jahrhunderts standen aber noch nicht alle heute bekannten Erkenntnisquellen zur Verfügung. Zudem war der größere Teil der Rechtsliteratur jener Zeit dem römischen Recht als dem damals geltenden ‚gemeinen‘ Recht *(ius commune)* gewidmet. Nicht der ursprüngliche Sinn der Rechtsquellen, sondern ihre Handhabung in der zeitgenössischen Praxis *(‚usus modernus‘)* stand vorwiegend zur Debatte (vgl. unten § 25 III).

IV. Das Schrifttum seit dem 19. Jahrhundert
Auch bei Schriften aus dem 19. Jahrhundert ist jeweils zu fragen, ob der Autor das römische Recht in seiner geschichtlichen Entwicklung behandelt, oder ob seine Ausführungen nicht vielmehr das *geltende* Recht der damaligen Zeit betreffen. Ist letzteres der Fall, dann werden die Quellen oft gewaltsam einem System und einer Begrifflichkeit unterworfen, die dem 19. Jahrhundert, nicht aber der römischen Antike entsprechen. Von Vertretern der Geschichtswissenschaft wird sogar gegen *Theodor Mommsen* der Vorwurf erhoben, er habe sich in seinem ‚Römischen Staatsrecht‘ dieser ‚pandektistischen‘ Methode (vgl. unten § 25 IV) nicht zu entziehen vermocht.

In den rechtsgeschichtlichen Publikationen der letzten Jahrzehnte des vergangenen und der ersten Jahrzehnte dieses Jahrhunderts hat sich andererseits eine zum Teil überaus kritische Haltung gegenüber den überlieferten Quellen niedergeschlagen. Das Übermaß an Textkritik und Interpolationsannahmen (s. dazu unten § 24 II) macht manche dieser Schriften nicht nur schwer lesbar, sondern läßt auch ihren sachlichen Inhalt oft als bedenklich erscheinen. Seit den letzten Jahren ist eine besonnenere Haltung gegenüber den Quellentexten festzustellen.

Erster Teil

Zur Vor- und Frühgeschichte des römischen Rechts

§ 4 Die Anfänge des römischen Staates

I. Gründung der Stadt Rom

Die Herkunft der Römer und die Gründung der Stadt Rom liegen in einem sagenumwobenen Dunkel, das sich von der Archäologie und der Althistorie nur streiflichtartig erhellen läßt. Sprache und Kultur weisen die Römer den indogermanischen *Italikern*, und zwar dem Volksstamm der *Latiner* zu. Die Sage vom Raub der Sabinerinnen deutet aber auf Verbindungen mit anderen italischen Stämmen hin. Der etruskische Name Roms, die etruskischen Namen einiger seiner Könige und die in Rom verwendeten etruskischen Staatssymbole (zum Beispiel die ‚*sella curulis*‘ = Rollsessel des Königs, die ‚*fasces*‘ = Rutenbündel der Amtsdiener) verbieten es, in Rom ein ‚reinrassiges‘ Staatsgebilde zu erblicken. Schon in der Frühzeit haben die Römer durch Vermittlung der Etrusker auch griechisches Kulturgut (zum Beispiel das Alphabet) angenommen.

Die Gründung der Stadt Rom wird von der römischen Geschichtsschreibung in das Jahr 753 v. Chr. angesetzt. Aus der bekannten Sage von Romulus und Remus läßt sich als historischer Kern vielleicht herausschälen, daß es etruskische Adelige waren, die sich zu Herrschern über die in der Tiberniederung und den angrenzenden Hügeln ansässigen Bauern aufschwangen. Keinesfalls darf man sich die Anfänge Roms allzu großartig vorstellen. Wenige, dünnbesiedelte Quadratkilometer bildeten das ursprüngliche Stadtgebiet.

II. Rom als Stadtstaat

Rom war ein Stadtstaat, wie er auch sonst in der Antike im Mittelmeerraum anzutreffen ist. Der Vergleich mit Athen oder Sparta bietet sich an. In Rom hat sich aber stärker als in anderen Gemeinwesen der Antike der Umstand ausgewirkt, daß sich die Bevölkerung von der Landwirtschaft ernährte. Rom war in seinen Anfängen ein *Bauernstaat* und bewahrte diesen Charakter recht lange. Die befestigte Stadt diente vor allem als Markt; der Marktplatz *(forum)* wurde so von selbst zum Mittelpunkt des staatlichen Lebens. Handwerk und Handel lehnten sich eng an die Landwirtschaft an. Eine eigentlich städtische Kultur und Lebensart entwickelte sich erst in republikanischer Zeit. Die Erfordernisse der Landwirtschaft und die bäuerliche Lebensweise bestimmten und formten für lange Zeit auch die Rechtsinstitute und rechtlichen Regelungen.

III. Ständische Gliederung

Die ständische Gliederung der römischen Bevölkerung in *Patrizier* und *Plebejer* dürfte schon in der Königszeit vorhanden gewesen sein. Patrizier sind die Angehörigen der Adelsgeschlechter, deren Familien streng patriarchalisch organisiert sind. An der Spitze der patrizischen Familie steht der *pater familias* mit umfassender Gewalt über die Familienangehörigen und die Familienhabe. Alle Personen, die von ein und demselben *pater familias* abstammen, gehören zu einer *gens*. Sie führen einen gemeinsamen Namen, den Gentilnamen (zum Beispiel *Cornelius, Sempronius, Iulius),* und sind als *Gentilen* miteinander verwandtschaftlich verbunden. Bis in die Spätzeit sind für einen männlichen römischen Bürger drei Namen üblich, der *Vorname (Publius, Gaius, Marcus),* der erwähnte *Gentilname* und ein unterscheidender *Beiname*, der oft wie ein Spitzname anmutet (*Naso* = Nase; *Aper* = Eber; *Rufus* = Rothaarig; *Cicero* = Kichererbse, wohl auf einen entsprechenden Auswuchs hindeutend; *Catullus* = Hündchen).

Die patrizischen *gentes* hatten in der Frühzeit eine relativ große Selbständigkeit innerhalb des Staatsverbandes. Im Gegensatz zu der Oberschicht der Patrizier war die *plebs* die (vielleicht wegen der weniger straffen Familienorganisation als ,vaterlos' angesehene) Masse der weniger begüterten Bevölkerung.

Neben diesen freien Staatsbürgern gab es wohl schon in der Königszeit unfreie *Sklaven*. Das bald nach der Vertreibung der Könige entstandene Zwölftafelgesetz enthält bereits Vorschriften, die sich auf Sklaven beziehen.

In eine wirtschaftliche und rechtliche Abhängigkeit konnten freie römische Bürger durch die sogenannte *Klientel* gelangen. Wahrscheinlich überließ der Patron seinen Klienten Land zu eigener Bewirtschaftung. Dafür waren die Klienten dem Patron zu Gefolgschaft im Kriege und in der Politik sowie zu bestimmten persönlichen Dienstleistungen verpflichtet. Der Patron dagegen hatte seinen Klienten Schutz und Hilfe (auch in Rechtssachen) zu gewähren. Im Grunde handelt es sich um Ansätze eines Lehenswesens, das die Römer aber nicht näher ausgestaltet haben. Ein

Satz der Zwölftafeln, der den Patron, falls er seine Schutzpflicht gegenüber einem Klienten verletzte, in Acht und Bann geraten ließ, führte jedenfalls nicht zu einer juristischen Präzisierung der gegenseitigen Pflichten von Patron und Klient.

IV. Staatsorganisation

Die *staatliche Gewalt* lag in Rom zunächst – wie in anderen antiken Stadtstaaten – bei drei Organen: einem Staatsoberhaupt: dem König = *Rex* (von *regere* = ausrichten, lenken), einem Rat der Alten: dem Senat (*Senatus* wohl von *senex* = Greis) und einer Versammlung des Volkes: *Comitiatus* (aus *co(n)-ire* = zusammenkommen).

a) Der *König* ist Heerführer, oberster Priester und Gerichtsherr. Auf den Gründer und ersten König Roms, Romulus, der auch einige Gesetze erlassen haben soll, folgt nach der Überlieferung der König Numa Pompilius, dem sakrale Satzungen zugeschrieben werden. Auf den vorletzten König Servius Tullius wird die Einteilung der Bevölkerung Roms in Vermögensklassen (die sogenannte Servianische Verfassung) und die Befestigung der Stadt Rom (Servianische Mauer) zurückgeführt. Der letzte König ist Tarquinius Superbus, ein Etrusker, den die Römer wegen Mißbrauchs seiner Amtsgewalt verstießen. Dieses Ereignis, das den Übergang zur Republik markiert, wird von der römischen Überlieferung in das Jahr 509 v. Chr., von der historischen Forschung heute aber eher in die erste Hälfte des 5. Jahrhunderts v. Chr. datiert.

b) Der *Senat* setzte sich aus den Oberhäuptern der patrizischen Geschlechter (*patres*) zusammen. Er hatte beratende Funktionen. Das Gewicht seines Ratschlages (*senatus consultum*) dürfte je nach den tatsächlichen Machtverhältnissen verschieden gewesen sein. Die Einrichtung des Senats hat die Königsherrschaft überdauert.

c) Die Volksversammlung dürfte zunächst mit der Versammlung der bewaffneten Krieger identisch gewesen sein. Drei *tribus* zu je zehn *curiae* bildeten die *comitia curiata*. Das Wort *curia* wird auf *co-viria* (= Zusammenkunft der Männer) zurückgeführt. Vielleicht besteht auch ein Zusammenhang zwischen *curia* und der Bezeichnung *Quirites* für die römischen Bürger.

Die *comitia centuriata* entsprechen einer jüngeren Heeresverfassung, die aber auch noch in die Königszeit hinaufreichen dürfte. Es handelt sich offenbar um das in Hundertschaften (Zenturien) gegliederte Hoplitenheer. Die späteren *comitia tributa* der republikanischen Zeit beruhen auf einer neuen Einteilung des römischen Staatsgebietes in einzelne Bezirke *(tribus)*.

Die Zenturien der *comitia centuriata* bildeten ebenso wie die Tribus der späteren Tributkomitien Stimmkörper, deren Votum durch einen Mehrheitsentscheid der ihnen angehörenden Bürger ermittelt wurde. Letztlich entscheidend war, wie die Mehrheit der Stimmkörper – die ja durchaus nicht mit der Mehrheit der Stimmberechtigten oder mit der Mehrheit der Abstimmenden identisch sein muß – votierte. Durch die Zuweisung der Bevölkerung zu den einzelnen Stimmkörpern und durch die Reihenfolge der Abstimmung war ein Übergewicht der besitzenden Schichten und der konservativen Landbevölkerung gesichert.

§ 5 Römisches Recht der Frühzeit

I. Der Begriff des Rechts

Der Unterschied zwischen *fas* (göttlichem Recht) und *ius* (menschlichem Recht) wird oftmals bis in die römische Frühzeit datiert. Verstöße gegen göttliches Recht sollen damals schon als *nefas*, Verstöße gegen menschliche Rechtssätze als *iniuria* gekennzeichnet worden sein. Es ist aber fraglich, ob man mit einer solchen exakten Scheidung von *ius* und *fas* dem Vorstellungsvermögen der Frühzeit nicht zuviel zumutet. Denn noch im Zwölftafelgesetz sind rechtliche und sakrale Sanktionen nebeneinander anzutreffen, und bis in die späte Republik gibt es ein Sakralrecht, das dem *ius* zugerechnet wird. Die Trennung des Rechtswesens vom religiösen Brauchtum hat sich also auch in Rom erst allmählich vollzogen. Dagegen gab es in Rom offenbar schon in der Frühzeit die Vorstellung eines ‚objektiven‘ Rechts, das heißt von Rechtssätzen, die ihren Geltungsgrund nicht in den Beziehungen von Person zu Person haben, sondern ohne Rücksicht auf den Willen der einzelnen Rechtsgenossen gelten, weil sie Ausdruck einer allgemeinen Gerechtigkeitsvorstellung sind.

II. Die *leges regiae*

Den Königen Roms wird von späteren antiken Autoren der Erlaß bestimmter Rechtssätze, der sogenannten *leges regiae,* zugeschrieben. Man neigt heute dazu, hierin aber eher Schöpfungen derjenigen römischen Priesterschaft zu sehen, die in der Frühzeit unter anderem das Staatsarchiv zu verwalten hatte und damit auch für Auskünfte über rechtliche Regelungen zuständig war, nämlich des Priesterkollegiums der *pontifices*. Ein *pontifex* namens *Papirius* soll zur Zeit des letzten Königs, also gegen Ende des 6. Jahrhunderts v. Chr., die Königsgesetze der Öffentlichkeit zugänglich gemacht haben *(‚ius Papirianum‘)*. Die Berichte über die *leges regiae* mögen in Einzelheiten als wenig glaubhaft erscheinen. Wir dürfen aber annehmen, daß sich in den überlieferten *leges regiae* Bräuche und Rechtssätze widerspiegeln, die älter sind als das Zwölftafelgesetz. Hierfür einige Beispiele:

1. Romulus
Die im folgenden wiedergegebenen Stellen, die sich auf Romulus, den sagenhaften Gründer Roms beziehen, entstammen den *Antiquitates Romanae*, einem nur teilweise erhaltenen Werk über die altrömische Geschichte von Dionysius von Halikarnass. Der Verfasser, ein Grieche, wirkte seit 30 v. Chr. als Rhetor und Historiker in Rom. Er neigt dazu, historische Phänomene, die erst das Ergebnis einer Entwicklung sind, als bereits in der Frühzeit fertig ausgebildet darzustellen.

Zu Ständeverfassung und Klientel

Dion. 2.9: Ὁ δὲ Ῥωμύλος ἐπειδὴ διέκρινε τοὺς κρείττους ἀπὸ τῶν ἡττόνων, ἐνομοθέτει μετὰ τοῦτο καὶ διέταττεν, ἃ χρὴ πράττειν ἑκατέρους· τοὺς μὲν εὐπατρίδας ἱερᾶσθαί τε καὶ ἄρχειν καὶ δικάζειν, ... τοὺς δὲ δημοτικούς ... γεωργεῖν δὲ καὶ κτηνοτροφεῖν καὶ τὰς χρηματοποιοὺς ἐργάζεσθαι τέχνας, ... παρακαταθήκας δὲ ἔδωκε τοῖς πατρικίοις τοὺς δημοτικοὺς ἐπιτρέψας ἑκάστῳ, τῶν ἐκ τοῦ πλήθους, ὃν αὐτὸς ἐβούλετο, νέμειν προστάτην, ... πατρωνείαν ὀνομάσας τὴν τῶν πενήτων καὶ ταπεινῶν προστασίαν.

Nachdem Romulus die Personen höheren und niederen Standes voneinander geschieden hatte, erließ er Gesetze und bestimmte darin deren Aufgaben. Die Patrizier sollten Priester, Beamte und Richter sein. Die Plebejer aber ... sollten die Felder bestellen, Vieh züchten und als Gewerbetreibende ihr Geld verdienen ... Er vertraute die Plebejer den Patriziern an, indem er jedem Plebejer erlaubte, ... sich seinen Patron zu wählen ... Und er nannte diese Schutzgewalt über die Armen und Niedrigstehenden „Patronat".

Dion. 2.10: Ἦν δὲ τὰ ὑπ' ἐκείνου τότε ὁρισθέντα ... ἔθη περὶ τὰς πατρωνείας τοιάδε· τοὺς μὲν πατρικίους ἔδει τοῖς ἑαυτῶν πελάταις ἐξηγεῖσθαι τὰ δίκαια, ... δίκας τε ὑπὲρ τῶν πελατῶν ἀδικου-

In bezug auf den Patronat traf er (Romulus) dann folgende ... Regelungen: Die Patrizier hatten ihren Klienten das Recht zu weisen ... Prozesse für ihre Klienten zu führen, wenn diese Unrecht erlitten

μένων λαγχάνειν ... καὶ τοῖς ἐγ-
καλοῦσιν ὑπέχειν ... τοὺς δὲ πε-
λάτας ἔδει τοῖς ἑαυτῶν προ-
στάταις θυγατέρας τε
συνεκδίδοσθαι γαμουμένας, εἰ
σπανίζοιεν οἱ πατέρες χρημάτων,
καὶ λύτρα καταβάλλειν πολεμί-
οις, εἴ τις αὐτῶν ἢ παίδων αἰχ-
μάλωτος γένοιτο· δίκας τε
ἁλόντων ἰδίας ἢ ζημίας
ὀφλόντων δημοσίας ἀργυρικὸν
ἐχούσας τίμημα ἐκ τῶν ἰδίων λύε-
σθαι χρημάτων ... κοινῇ δ᾽ ἀμ-
φοτέροις οὔτε ὅσιον οὔτε θέμις
ἦν κατηγορεῖν ἀλλήλων ἐπὶ δί-
καις ἢ καταμαρτυρεῖν ἢ ψῆφον
ἐναντίαν ἐπιφέρειν ...

hatten ... und ihnen (auch sonst) vor Gericht beizustehen ... Die Klienten mußten bei der Ehe-schließung von Töchtern des Pa-trons zu deren Mitgift beitragen, wenn die Eltern dazu nicht in der Lage waren; sie hatten Lösegeld an den Feind zu zahlen, wenn der Pa-tron oder dessen Kinder in Kriegs-gefangenschaft geraten waren. Sie mußten aus eigenen Mitteln die Verbindlichkeiten des Patrons er-füllen, wenn er im Zivilprozeß ver-urteilt oder wenn ihm eine Geld-strafe auferlegt worden war ... Ganz allgemein galt es als Frevel und Unrecht, sich gegenseitig an-zuklagen, Zeugnis gegeneinander abzulegen oder bei einer Abstim-mung gegensätzlich zu votieren ...

Zur Einrichtung des Senats

Dion. 2.12: Ὁ δὲ Ῥωμύλος ἐπειδὴ
ταῦτα διεκόσμησε, βουλευτὰς
εὐθὺς ἔγνω καταστήσασθαι, μεθ᾽
ὧν πράττειν τὰ κοινὰ ἔμελλεν, ἐκ
τῶν πατρικίων ἄνδρας ἑκατὸν
ἐπιλεξάμενος.

Nachdem Romulus dies festgelegt hatte, entschloß er sich sofort, Rat-geber (Senatoren) zu bestimmen, mit denen er die Staatsangelegen-heiten beraten könnte, und er wählte aus den Patriziern hundert Männer aus.

Zur Familienverfassung

Dion. 2.26, 27: (Ὁ Ῥωμύλος)
ἅπασαν ... ἔδωκεν ἐξουσίαν πατ-
ρὶ καθ᾽ υἱοῦ καὶ παρὰ πάντα τὸν
τοῦ βίου χρόνον, ἐάν τε εἴργειν,
ἐάν τε μαστιγοῦν, ἐάν τε δέσμιον
ἐπὶ τῶν κατ᾽ ἀγρὸν ἔργων κατέ-
χειν, ἐάν τε ἀποκτιννύναι προ-
αιρῆται. ... ἀλλὰ καὶ πωλεῖν ἐφῆ-
κε τὸν υἱὸν τῷ πατρί ...

Romulus gab ... dem Vater über den Sohn alle Gewalt – und zwar auf Lebzeiten –, ob er ihn nun ein-kerkern, züchtigen, in Fesseln zur Feldarbeit zwingen oder ihn töten wollte ... Er erlaubte dem Vater sogar, den Sohn zu verkaufen.

Wie eine Stelle in der spätantiken Schrift *Mosaicarum et Romanarum legum collatio* (vgl. unten § 16 IV 1) ausweist, hat sich noch im 3. Jahrhundert n. Chr. der Jurist Papinian (zu ihm vgl. unten § 16 III) auf jenes Gesetz des Romulus berufen.

Papinian, Coll. 4.8: *Cum patri lex regia dederit in filium vitae necisque potestatem* ...	Da ein Königsgesetz dem Vater das Recht über Leben und Tod des Sohnes gegeben hat ...

Der um die Wende vom 1. zum 2. Jahrhundert n. Chr. lebende griechische Schriftsteller Plutarch bringt in seinen *Vitae parallelae* – einem Werk, in dem er je einen griechischen und einen römischen Staatsmann miteinander vergleicht – bestimmte Eigentümlichkeiten des römischen Eherechts mit der Gesetzgebung des Romulus in Zusammenhang.

Plutarch, Romulus 22: Ἔθηκε δὲ καὶ νόμους τινὰς (ὁ. Ῥωμύλος), ὧν σφοδρὸς μέν ἐστιν ὁ γυναικὶ μὴ διδοὺς ἀπολείπειν ἄνδρα, γυναῖκα δὲ διδοὺς ἐκβάλλειν ἐπὶ φαρμακείᾳ τέκνων ἢ κλειδῶν ὑποβολῇ καὶ μοιχευθεῖσαν· εἰ δ' ἄλλως τις ἀποπέμψαιτο, τῆς οὐσίας αὐτοῦ τὸ μὲν τῆς γυναικὸς εἶναι, τὸ δὲ τῆς Δήμητρος ἱερὸν κελεύων· τὸν δ' ἀποδόμενον γυναῖκα θύεσθαι χθονίοις θεοῖς.	Romulus erließ einige Gesetze, von denen eines sehr hart ist, nämlich daß sich die Ehefrau nicht von ihrem Manne (durch Ehescheidung) trennen kann, daß dem Manne aber erlaubt ist, die Frau zu verstoßen wegen Vergiftung der Kinder (Abtreibung durch Weingenuß?), Nachmachen der Schlüssel (zum Weinkeller?) und wegen Ehebruchs. Wenn er in anderen Fällen die Frau verstößt, soll ein Teil seines Vermögens Eigentum der Frau werden, ein anderer Teil soll der Göttin Ceres verfallen. Wenn er die Frau verkauft, soll er den unterirdischen Göttern verfallen sein.

2. Numa Pompilius

Der römische Historiker Livius (59 v. Chr. – 17 n. Chr.) führt in seiner römischen Geschichte *(Ab urbe condita libri)* die Einteilung des römischen Kalenders in *dies fasti* und *dies nefasti* auf ein Gesetz des Königs Numa Pompilius zurück.

Livius 1, 19, 7: *(Numa) nefastos dies fastosque fecit, quia aliquando nihil cum populo agi utile futurum erat.*

Numa teilte die Tage in *dies nefasti* und *dies fasti* ein, da es nützlich erschien, zu manchen Zeiten (den *dies nefasti*) keine Angelegenheiten vor die Volksversammlung zu bringen.

III. Private Rechtsakte

Bestimmte Rechtsakte unter den Bürgern konnten nur vor der Volksversammlung vollzogen werden. Wir dürfen vermuten, daß diese Rechtsakte bis in die Frühzeit zurückreichen. Dazu gehören die Testamentserrichtung und die Annahme an Kindes Statt durch ‚Arrogation'. In diesen Fällen scheint die Volksversammlung jeweils ein Gesetz, eine *lex*, erlassen zu haben.

1. Testament

Über die ältesten römischen Testamentsformen sind wir unterrichtet durch einen rechtshistorischen Exkurs in den Institutionen des Gaius, einem Lehrbuch des klassischen römischen Rechts aus dem 2. Jahrhundert n. Chr. (vgl. unten § 16 II und IV 1).

Gaius, Inst. 2.101: *Testamentorum autem genera initio duo fuerunt: nam aut calatis comitiis testamentum faciebant, quae comitia bis in anno testamentis faciendis destinata erant, aut in procinctu, id est, cum belli causa arma sumebant. Procinctus est enim expeditus et armatus exercitus. Alterum itaque in pace et in otio faciebant, alterum in proelium exituri.*

Anfänglich gab es zwei Arten von Testamenten: Denn entweder errichteten sie das Testament vor der zusammengerufenen Volksversammlung – die Komitien waren zweimal im Jahr der Testamentserrichtung gewidmet – oder „in procinctu", das heißt wenn sie zu den Waffen griffen, um Krieg zu führen. „Procinctus" (= gegürtet) ist nämlich das ausgerüstete und bewaffnete Heer. Die eine Art des Testaments verwendeten sie daher im Frieden und in Ruhe, die andere, wenn sie im Begriffe standen, in die Schlacht zu ziehen.

2. Arrogation

Die vor den Komitien zu sprechende Formel für die Annahme an Kindes Statt hat Gellius, ein römischer Schriftsteller des 2. Jahrhunderts n. Chr., in seinen ‚Attischen Nächten‘, einer Sammlung von Lesefrüchten aus älteren Schriften, überliefert (Noct. Att. 5.19.9):

Velitis iubeatis, uti L. Valerius L. Titio tam iure legeque filius siet, quam si ex eo patre matreque familias eius natus esset, utique ei vitae necisque in eum potestas siet, uti patri endo filio est. Haec ita, uti dixi, ita vos Quirites rogo.	Ihr (Quiriten) mögt bestimmen, daß L. Valerius dem L. Titius nach Gesetz und Recht ein Sohn sein soll, wie wenn er von diesem als Vater und von dessen rechtmäßiger Ehefrau abstammen würde, und daß ihm so die Gewalt über Leben und Tod gegeben sei, wie sie dem Vater über den Sohn zusteht. So wie ich es dargelegt habe, bitte ich euch, Quiriten, zu beschließen.

Diese Formel hat die Gestalt eines Gesetzesantrags in der Volksversammlung, wie er noch jahrhundertelang üblich blieb. Die Mitglieder der Versammlung werden als ‚Quiriten‘ angesprochen; sie werden mit dem Wort *rogo* um ihre Meinung befragt und darum gebeten, den Vorschlag durch Abstimmung zum förmlichen Gesetz (*lex*) zu erheben.

Die Annahme an Kindes Statt durch *adrogatio* wurde von den oben (§ 4 IV) erwähnten Kuriatkomitien vollzogen. In spätrepublikanischer Zeit, als die Kurienverfassung verschwunden war, traten nur noch 30 Amtsdiener (Liktoren) als Repräsentanten der einzelnen Kurien auf Geheiß des *pontifex maximus* (vgl. unten § 11 I) zusammen, um Arrogationen vorzunehmen.

Testament und Arrogation dienten offenbar zunächst dem Zweck, beim Erbfall das bäuerliche Anwesen auf *eine* Person übergehen zu lassen und die Erbteilung mit ihren schädlichen Folgen auszuschließen. Durch Testament konnte einer der Abkömmlinge ausgewählt und zum Hoferben bestimmt werden. Fehlte es an Abkömmlingen, so war die Arrogation das Mittel, um die Erbfolge in der gewünschten Weise zu regeln.

Zweiter Teil

Das Recht der republikanischen Zeit

§ 6 Das Staatsrecht der Republik

I. Die Ämterverfassung

Die Vertreibung des letzten Königs, Tarquinius Superbus, bedeutete wohl nicht die gänzliche Abschaffung des Königtums, sondern die Beschränkung des Königs auf sakrale Funktionen. So ist die Figur des *rex sacrorum* noch in republikanischer Zeit anzutreffen. Die politischen Funktionen des Königs gingen weitgehend auf Wahlbeamte, die *Magistrate*, über.

Ursprünglich gab es vielleicht nur einen Höchstmagistrat, der den Namen *praetor* (*prae-(i)tor* = Anführer des Heeres; ähnlich: ‚Herzog‘) führte. Dann aber wird die Höchstgewalt zwei Personen übertragen, die *Konsuln* (*consules*) heißen. Ihnen obliegt die politische Führung nach innen und außen. Sie sind als Heerführer mit einer entsprechenden Befehlsgewalt (*imperium*) ausgestattet. Sie haben das Recht – und in wichtigen Angelegenheiten gewiß auch die Pflicht –, den Senat zu befragen (*consulere* = um Rat fragen) oder die Volksversammlung beschließen zu lassen (*ius agendi cum senatu* und *ius agendi cum populo*).

Im Jahre 367 soll durch einen Gesetzgebungsakt (*leges Liciniae Sextiae*) ein weiterer Magistrat, der *Prätor*, als ‚minderer Kollege‘ der Konsuln eingesetzt worden sein. In der Tat deutet vieles darauf hin, daß um jene Zeit die Konsuln die Rechtspflege einem Prätor überlassen, während sie sich ganz den politischen und militärischen Aufgaben zuwenden. In der Folgezeit werden weitere Prätoren als Befehlshaber von Heeresgruppen eingesetzt. Um das Jahr 242 v. Chr. erhält auch der als Gerichtsmagistrat fungierende Prätor einen Kollegen. Dem einen Prätor (*praetor urbanus*) obliegt fortan die Rechtspflege unter römischen Bürgern, während der andere (*praetor peregrinus*) zuständig ist für Rechtsstreitigkeiten, an denen Ausländer beteiligt sind.

Den Konsuln und Prätoren kommt eine Hoheitsgewalt zu, die als *imperium* bezeichnet wird. Diese Gewalt umfaßt die militärische Befehlsgewalt (*imperium* im engeren Sinne), die Befugnis, gegen Unbotmäßig-

keit Zuchtmaßnahmen zu ergreifen (*coercitio*) und die Rechtsprechungs-
gewalt (*iurisdictio*). Als Träger der Koerzitionsgewalt sind Konsuln und
Prätoren bei ihrer Amtsausübung von bewaffneten Amtsdienern, den
Liktoren, umgeben. In der mittleren und späten Republik gibt es noch
andere Magistrate für bestimmte Verwaltungsaufgaben, denen aber das
volle *imperium* fehlt: Quästoren und Ädilen. Für die Rechtspflege sind
insbesondere bedeutsam geworden die *kurulischen Ädilen*, die eine poli-
zeiliche Marktaufsicht verbunden mit einer Art Marktgerichtsbarkeit
ausübten; ihr Name leitet sich von der Tatsache her, daß ihnen im Gegensatz zu den anderen Ädilen das alte etruskische Hoheitssymbol des Roll-
sessels (*sella curulis*) zukam.

Die *Zensoren* wurden alle fünf Jahre auf die Dauer von 18 Monaten
(fast immer aus der Zahl der früheren Konsuln) gewählt. Ihnen oblag die
Einordnung der römischen Bürger in die verschiedenen Vermögensklassen und die Führung der Senatsliste. Zur Zuständigkeit der Zensoren
gehörte ferner die Vergabe öffentlicher Arbeiten. Die Zensoren nahmen
für sich die Befugnis in Anspruch, Personen, die sich nicht an die über-
kommene römische Sitte und Moral hielten, die Aufnahme in den Senat
zu verweigern oder aus dem Senat auszustoßen oder in eine niedrigere
Klasse zu versetzen. Die Zensoren werden so zu Sittenwächtern.

Beim Zensus wurde auch ermittelt, wer auf Grund seines Vermögens
fähig und nach seinem Verhalten würdig war, ein Staatspferd (*equus publicus*) zu unterhalten und als Ritter (*eques*) Militärdienst zu leisten. Auf
diese Weise entwickelte sich aus der Klasse der wohlhabendsten römischen Bürger der Ritterstand (*ordo equester*), der mit dem Senatorenstand gemeinsam die römische Oberschicht bildete.

II. Verfassungsgrundsätze

Auch in Rom stellte sich das Problem, wie sich ein Mißbrauch der Staatsgewalt durch Einzelpersonen vermeiden lasse. Die Prinzipien der Ge-
waltentrennung und der parlamentarischen Kontrolle der Regierung waren noch nicht bekannt. Statt dessen gab es in der weitgehend ungeschrie-
benen, auf dem Herkommen (*mos maiorum* = Sitte der Väter) beruhenden römischen Staatsverfassung andere Vorkehrungen vor dem Amts-
mißbrauch der Magistrate. Dazu gehören:
a) die *Annuität:* Die Magistrate werden auf Vorschlag ihrer Amtsvorgän-
   ger von der Volksversammlung jeweils auf ein Jahr gewählt;
b) die *Kollegialität:* Die wichtigen Ämter sind – vielleicht nicht von vornherein, aber doch in der mittleren und späteren Republik – jeweils mit

zwei Personen besetzt, von denen jede eine Maßnahme der anderen unterbinden kann (sogenanntes Interzessionsrecht);

c) die *Ämterlaufbahn:* In der Regel muß der Bewerber für ein höheres Staatsamt zunächst die niederen Ämter innegehabt (und sich dort bewährt) haben. Gesetzlich fixiert wird die Reihenfolge der Ämter durch eine *lex Villia annalis* im Jahre 180 v. Chr. Das Gesetz fordert auch ein Mindestalter von den Bewerbern und bestimmt ferner, daß zwischen zwei Ämtern eine amtslose Zeit von mindestens zwei Jahren zu liegen hat;

d) die *Pflicht zur Einholung von Ratschlägen:* Wichtigere Entscheidungen dürfen erst nach Einholung der Ratschläge eines *consilium* gefällt werden. Die Konsuln haben den Ratschlag des Senats (*Senatus consultum*) einzuholen; in anderen Fällen sind bestimmte Priesterschaften zu befragen, zum Beispiel in Rechtsfragen die *pontifices.* Im Senat und in den Priesterschaften waren Männer mit Erfahrung und Sachkunde vertreten. Ansonsten war ein *consilium* von Fall zu Fall zu bilden. Das galt übrigens auch für das Privatleben. Vor einer Ehescheidung hatte der Ehemann ein *consilium amicorum* zu befragen. Verstieß er die Frau ohne ein solches *consilium,* schritten die Zensoren gegen ihn ein (vgl. unten § 12 II).

Man muß sich fragen, ob die Römer mit diesen Einschränkungen der magistratischen Befugnisse nicht des Guten zuviel getan haben. Die Schlagkraft der Staatsführung mußte unter solchen Beschränkungen leiden. In Notzeiten griff man daher zur Diktatur, das heißt, man setzte auf Grund eines Senatsbeschlusses auf die Dauer von sechs Monaten einen *dictator* mit unbeschränkten Vollmachten ein. In der späten Republik beschritt man vorzugsweise einen anderen Weg: Der Senat befreite die Konsuln von ihrer Pflicht, bei Einzelmaßnahmen die Stellungnahme des Senats einzuholen (sogenanntes *Senatus consultum ultimum: „Videant consules ne quid detrimenti res publica capiat"* = „Die Konsuln mögen dafür Sorge tragen, daß der Staat keinen Schaden leide"), und räumte ihnen damit diktatorische Vollmachten ein.

III. Wirkungen des Ständekampfes

Die Magistraturen wurden zunächst nur von Angehörigen des Senatorenstandes, das heißt von Mitgliedern patrizischer Familien, besetzt. Dagegen erhob sich der Widerstand der Plebs. Der Ständekampf zwischen Plebejern und Patriziern, der nach der römischen Überlieferung in dem Auszug der Plebs auf den Heiligen Berg (494 v. Chr.) einen ersten Höhepunkt erreichte, führte zu folgenden Ergebnissen:

a) Die Plebs wählt für die Dauer eines Jahres Vertreter ihrer politischen Interessen, die *Volkstribune, (tribuni plebis)*, deren Unverletzlichkeit von den Patriziern anerkannt wird. Die Volkstribune nahmen für sich das *ius auxilii* in Anspruch: Der Tribun schützte Angehörige der Plebs vor magistratischen Maßnahmen durch sein ‚Dazwischentreten' (*intercessio*).

b) Die Tribune konnten Versammlungen der Plebs (*concilia plebis*) einberufen. Die Beschlüsse der Plebsversammlung (*plebiscita*) wurden später für das gesamte Staatswesen verbindlich, und zwar soll die Gesetzesgleichheit der Plebiszite durch eine *lex Hortensia* (287/286 v. Chr.) festgelegt worden sein.

c) Schritt für Schritt wurden die Magistraturen den Plebejern zugänglich gemacht. Seit dem Jahre 367 v. Chr. steht ihnen auch das Amt eines Konsuls offen (*leges Liciniae Sextiae:* einer der beiden Konsuln soll Plebejer sein). Bestimmte Ämter und Priesterstellen blieben der Plebs aber immer verschlossen.

d) Aus dem Ständekampf ist auch das Zwölftafelgesetz erwachsen, auf das noch näher einzugehen ist (vgl. unten §§ 7 und 8).

IV. Die Rolle des Senats

Mit der Vertreibung der Könige wuchs die politische Bedeutung der Volksversammlung und – in noch stärkerem Maße – die des Senats. Dies zeigt sich schon an der gebräuchlichen Benennung des römischen Staatswesens als *Senatus Populusque Romanus* (abgekürzt: *SPQR*).

Neben den Häuptern der patrizischen Familien (*patres*) wurden auch diejenigen Personen in den Senat aufgenommen, die nach Durchschreiten der Ämterlaufbahn das Amt eines Konsuls oder Prätors bekleidet hatten. Da die Magistraturen in der mittleren Republik den Plebejern zugänglich gemacht worden waren, gelangten auf diese Weise auch Plebejer in den Senat. Dem Geburtsadel tritt so ein Amtsadel zur Seite. Dies mag sich in der Anrede der versammelten Senatoren mit den Worten *patres conscripti* (*patres* und ‚Hinzugeschriebene') niedergeschlagen haben, doch ist diese Deutung der Worte *patres conscripti* nicht gesichert.

Der Senat übte einen Einfluß auf die Volksversammlung nicht zuletzt dadurch aus, daß Gesetzesvorlagen und Wahlvorschläge seiner Billigung (*auctoritas patrum*) bedurften. Ob die *auctoritas patrum* zunächst in die alleinige Zuständigkeit der patrizischen Mitglieder des Senats fiel oder ob von vornherein auch die über die Ämterlaufbahn in den Senat gelangten Personen daran beteiligt waren, ist umstritten.

§ 7 Die Zwölftafelgesetzgebung

I. Der Gesetzgebungsakt

Das Zwölftafelgesetz steht innerhalb einer Reihe von Gesetzgebungsakten antiker Stadtstaaten. Vorausgegangen waren die Gesetzgebung des – in seiner Historizität freilich umstrittenen – Lykurg in Sparta (zwischen 800 und 750 v. Chr.) sowie in Athen die Gesetze – des historisch auch nicht unumstrittenen – Drakon (621 v. Chr.) und des Solon (594 v. Chr.). Mit den Gesetzen Drakons teilt das Zwölftafelgesetz den Ruf einer großen, ja bisweilen unmenschlichen Härte. Die schriftliche Festlegung von Normen in einem Gesetz bedeutet aber auch dann schon einen wirklichen Fortschritt, wenn die rechtlichen Sanktionen dadurch nichts von ihrer früheren Schärfe einbüßen. Denn fortan ist auch der Mächtige, namentlich der Gerichtsherr, an das Gesetz gebunden; der Schwache ist nicht mehr seiner Willkür ausgeliefert. So war es denn auch wahrscheinlich die Unzufriedenheit der Plebejer mit der von den patrizischen Magistraten ohne Bindung an allgemein bekannte Leitlinien ausgeübten Rechtsprechung, die den Anstoß zur Zwölftafelgesetzgebung gab.

Im Jahre 451 v. Chr. setzte der Senat zehn Männern mit dem Auftrag ein, die Gesetze aufzuschreiben (*decemviri legibus scribundis*). Die zehn Männer wurden mit der höchsten magistratischen Gewalt ausgestattet. Sie legten noch im gleichen Jahr den Inhalt von zehn Gesetzestafeln fest und ließen ihn in den Zenturiatkomitien beschließen. Auf ihren Vorschlag wurde für das folgende Amtsjahr (450 v. Chr.) ein neues Zehnmännerkollegium bestellt, das zwei weitere Tafeln hinzufügte. Während dem Werk der ersten Zehnmänner uneingeschränktes Lob zuteil geworden ist, weil sie gleiches Recht für Patrizier und Plebejer geschaffen hätten, stießen die beiden letzten Gesetzestafeln insoweit auf die Kritik der Späteren (vgl. zum Beispiel Cicero, *de re publ.* 2.61–63), als sie von dieser Linie – zum Beispiel durch ein Eheverbot zwischen Patriziern und Plebejern – abgewichen sein sollen.

II. Zur Textüberlieferung

Von den Zwölftafeln sind nur einzelne Fragmente erhalten, die vielleicht noch nicht einmal den Urtext wiedergeben. Wahrscheinlich sind die ältesten Zwölftafeln, die in Rom öffentlich aufgestellt waren, beim Gallierbrand 387 v. Chr. beschädigt oder zerstört worden. Die danach neu aufgestellten Tafeln enthielten möglicherweise schon eine sprachliche Neufassung, die uns allein noch in Fragmenten bekannt ist. Überliefert sind die Fragmente nur zum Teil in Juristenschriften. Zum anderen Teil sind sie durch die antiquarische Neigung und das sprachliche Interesse römischer Schriftsteller (wie Cicero und Varro im 1. Jhdt. v. Chr. und Festus und Gellius im 2. Jhdt. n. Chr.) auf uns gekommen.

Es hat nicht an Stimmen gefehlt, die den Zwölftafelfragmenten die historische Echtheit überhaupt absprechen und sie als Produkte einer späteren Zeit verstehen wollten. Diese hyperkritische Auffassung dürfte heute aber überwunden sein.

Seit der Renaissance bereits gibt es Versuche, den Zwölftafeltext zu rekonstruieren. Die erhaltenen Fragmente sind 1886 von Rudolf Schöll nach den einzelnen Tafeln zusammengestellt worden. Obwohl die von Schöll vorgenommene Zuordnung der Fragmente zu den einzelnen Tafeln zum Teil fragwürdig ist, werden die Zwölftafelfragmente heute nach dieser Schöllschen Ausgabe zitiert.

III. Die Bedeutung des Gesetzes

Das Zwölftafelgesetz war für die Römer nach einem Wort von Livius die Quelle des gesamten öffentlichen und privaten Rechts (*Ab urbe condita* 3.34.6: „*fons omnis publici privatique est iuris*"). Es wurde fortgebildet durch die *Interpretation*, die zunächst ganz in den Händen der *pontifices* lag. Durch Einzelgesetze haben die Römer nur vereinzelt und punktuell das auf den Zwölftafeln beruhende *ius civile* umgestaltet (wie 445 v. Chr. durch die *lex Canuleia*, mit der das Eheverbot zwischen Patriziern und Plebejern aufgehoben wurde). Das *ius civile* wird freilich in den Teilen, in denen es sich als wenig anpassungsfähig erweist, von Rechtsschöpfungen des Prätors (*ius honorarium;* vgl. unten § 9) überlagert.

Die Zwölftafeln wurden von den Römern als ein allgemeines Kulturgut empfunden. Der gebildete Römer mußte sie kennen oder doch in ihrem Inhalt bewandert sein. Darauf deutet die Verwendung von Zwölftafelfragmenten in den Komödien des Plautus ebenso hin wie der Bericht Ciceros, er habe die Zwölftafeln in seiner Jugend noch auswendig lernen müssen (*de leg.* 2.59: „*... discebamus enim pueri XII ut carmen necessarium, quas iam nemo discit*"). Doch darf man gerade diese Äußerung Ciceros nicht überschätzen. Aus ihr läßt sich auch das Bedauern entnehmen, daß das Auswendiglernen der Zwölftafeln zu Lebzeiten Ciceros außer Übung gekommen war. Eine Generation später macht sich der Dichter Horaz in der Satire 2.1.80ff. darüber lustig, daß die heiligen Gesetze der Zwölftafeln *mala carmina* (= Zaubersprüche) verbieten, indem er den Worten *mala carmina* den Sinn seiner Zeit (= schlechte

Gedichte) unterlegt. Kann man daraus auf ein Schwinden der allgemeinen Achtung der Zwölftafeln gegen Ende der Republik schließen, so bleibt doch die überragende Bedeutung der Zwölftafeln als das grundlegende Gesetzeswerk erhalten. Der Jurist Gaius (vgl. unten § 16 II) schreibt noch im 2. Jahrhundert n. Chr., also rund 600 Jahre nach ihrem Inkrafttreten, einen Kommentar zu den Zwölftafeln. Dies bezeugt zugleich eine Kontinuität der römischen Rechtsentwicklung, wie sie in unserer schnelllebigen modernen Welt als geradezu unwahrscheinlich gelten muß.

IV. Zur Gesetzestechnik

Das Zehnmännerkollegium soll nach der römischen Überlieferung zur Vorbereitung der Gesetzgebungsarbeit eine Studienkommission nach Griechenland entsandt haben; vielleicht ist die Kommission auch nur in die Griechenstädte des südlichen Italiens gereist. Außerdem soll ein Grieche namens Hermodor den Römern Übersetzungsdienste geleistet haben. Aber weder in der Gesetzestechnik der Zwölftafeln noch im Inhalt der einzelnen Normen ist ein wesentlicher griechischer Einfluß festzustellen, wenn man von der Verwendung des griechische Lehnwortes *poena* für Buße absieht.

Die Gesetzestechnik ist noch recht unbeholfen. Die meisten Rechtseinrichtungen werden nicht neu geschaffen, sondern als bestehend vorausgesetzt. Sobald die Gesetzesvorschriften einen sozialen Schutzzweck verfolgen, werden sie wortreich, während sie sonst karg und lapidar wirken.

Die Regelungen beziehen sich auf eine bäuerliche Gesellschaft. Der Tiber bildet noch die Grenze Roms. Aber der Handel mit Ausländern (Peregrinen) ist schon so verbreitet, daß auch Regeln für den Verkehr mit Peregrinen in den Zwölftafeln zu finden sind.

§ 8 Das Recht der Zwölftafeln und seine Fortbildung

Einige ausgewählte Fragmente der Zwölftafeln sollen nun in ihrem rechtlichen und rechtshistorischen Zusammenhang betrachtet werden. Auf den exemplarischen, die Thematik nicht erschöpfenden Charakter der folgenden Ausführungen sei nachdrücklich hingewiesen.

I. Das Prozeßrecht
1. Ladungsverfahren und Prozeßbürgschaft
An der Spitze des Zwölftafelgesetzes standen Bestimmungen über den Zivilprozeß. Das Gesetz begann mit den Worten:

SI IN IUS VOCAT,	Wenn der Kläger jemanden vor
ITO. NI IT, ANTESTAMINO:	Gericht ruft, soll dieser gehen.
IGITUR EM CAPITO.	Wenn er nicht geht, soll der Kläger
	Zeugen aufrufen; dann soll der
	Kläger ihn ergreifen.

Das Wort *ius* hat hier die Bedeutung von Gerichtsstätte (vgl. unten § 9 I); *ito* ist in der Textüberlieferung nicht gesichert, aber sinngemäß zu ergänzen.

An diesem Fragment zeigen sich zwei Eigentümlichkeiten der frühen römischen Gesetzessprache:

a) An der sprachlichen Fassung ist nicht ohne weiteres erkennbar, welche Person die Gesetzesbestimmungen jeweils im Auge haben. In den Verbformen wird stets die dritte Person Einzahl verwendet. Ob damit der Kläger oder der Beklagte angesprochen ist, läßt sich nur aus dem Sinnzusammenhang erschließen. Man könnte darin einen mehrfachen Subjektswechsel erblicken, der auf einer sprachlichen Unbeholfenheit der Gesetzesverfasser beruht. Eher als an einen Subjektswechsel ist aber an eine *unpersönliche* Bedeutung der dritten Person Einzahl zu denken. (Etwa: „Wenn *man* vor Gericht ruft, soll *man* gehen" oder „Wenn vor Gericht gerufen wird, soll gegangen werden".)

b) Der *Tatbestand* einer Norm wird in Nebensätzen wiedergegeben, die mit *si* oder *ni (nisi)* eingeleitet werden *(Si in ius vocat ...; Ni it ...);* die Rechtsfolge wird als Gesetzesbefehl in die Imperativform gekleidet (... *ito; ... antestamino; ... capito).* Aus anderen Fragmenten der Zwölftafeln ist noch folgendes zu ersehen: Soll eine Aussage über einen Generaltatbestand getroffen werden, der dann noch in Einzelfälle zerlegt wird, so wird die Schilderung des Generaltatbestandes durch ein Relativpronomen oder die Konjunktion *cum* eingeleitet, die Einzeltatbestände erscheinen dann wieder in Sätzen, die mit *si* beginnen.

Dieser Sprachgebrauch wird später auch in die juristische Gutachtentechnik übernommen. Noch in den Juristenschriften der Klassik ist der rechtserhebliche Sachverhalt regelmäßig in Konditionalsätzen zu finden. Das führt zu einem klaren, durchsichtigen Satzbau in der römischen Rechtssprache. Übersetzungs- und Verständnisschwierigkeiten sind darum nur zum geringsten Teil in der Syntax begründet.

Auf den oben wiedergegebenen Text folgen nähere Regelungen über das bei der Ladung einzuhaltende *Verfahren:*

SI CALVITUR	Wenn der Beklagte sich sträubt
PEDEMVE STRUIT,	oder fliehen will, soll der Kläger
MANUM ENDO	Hand an ihn legen.
IACITO.	
SI MORBUS AEVITAS-	Wenn Krankheit oder hohes Alter
VE VITIUM ESCIT,	den Beklagten hindert, soll der
IUMENTUM DATO.	Kläger ihm ein Lasttier geben.
SI NOLET, ARCERAM	Wenn der Kläger nicht will,
NE STERNITO.	braucht er dem Beklagten einen
	gedeckten Wagen nicht zu stellen.

Der Beklagte konnte offenbar dadurch dem Prozeß entgehen, daß ein anderer für ihn in den Prozeß eintrat. Auf dieses Rechtsinstitut der *Prozeßbürgschaft* bezieht sich das folgende Fragment (tab. 1.4):

ASSIDUO VINDEX	Einem Landbesitzer muß ein
ASSIDUUS ESTO.	Landbesitzer Prozeßbürge sein.
PROLETARIO IAM	Einem Bürger, der Proletarier ist,
CIVI QUIS VOLET	kann Prozeßbürge sein, wer will.
VINDEX ESTO.	

Der Sinn der Regelung liegt auf der Hand. Der Kläger soll sich nicht einem *vindex* gegenübersehen, der weit weniger zahlungskräftig ist als der Erstbeklagte. Bezeichnenderweise wird dabei nicht zwischen Patriziern und Plebejern unterschieden, sondern zwischen Grundbesitzern und solchen Bürgern, die nur ihre Nachkommen *(proles)* ihr eigen nennen können *(„proletarii")*.

2. Das Verfahren vor dem Gerichtsmagistrat

Einige der überlieferten Zwölftafelfragmente beziehen sich offenkundig auf das Verfahren vor dem Gerichtsmagistrat, dem späteren Prätor, und dessen Prozeßleitung (tab. 1.6–9):

REM UBI PACUNT,	Er soll sprechen, wo die Parteien
ORATO.	die Sache friedlich beilegen.

Damit ist wohl gemeint, daß der Gerichtsbeamte als Schlichter auftreten soll. Eine andere Deutung geht dahin, daß, wenn die Parteien sich über die Streitsache geeinigt haben, der Prätor das verkünden soll. Wieder andere meinen, der Prätor habe den *Ort* für den Einigungsversuch bestimmen sollen.

NI PACUNT, IN	Wenn sie sich nicht friedlich eini-
COMITIO AUT IN	gen, sollen sie im Comitium oder
FORO ANTE MERI-	auf dem Forum vor Mittag den
DIEM CAUSSAM	Rechtsstreit austragen.
COICIUNTO.	
COM PERORANTO,	Wenn sie verhandeln, sollen sie
AMBO PRAESENTES.	beide anwesend sein.
POST MERIDIEM	(Wenn nur eine Partei zugegen ist,)
PRAESENTI LITEM	soll der Gerichtsmagistrat nach
ADDICITO.	dem Mittag der anwesenden Partei
	den Streitgegenstand zusprechen.
SI AMBO PRAESEN-	Wenn beide Parteien anwesend
TES, SOLIS OCCASUS	sind, soll der Sonnenuntergang der
SUPREMA TEMPESTAS	letzte Zeitpunkt (für die Verhand-
ESTO.	lung oder die Entscheidung?) sein.

In diesen Fragmenten spiegeln sich elementare Verfahrensgrundsätze wider, die auch heute noch das Prozeßrecht beherrschen:
- Das Gericht soll auf eine gütliche Einigung der Parteien hinwirken.
- Eine Partei, die trotz ordnungsgemäßer Ladung vor Gericht nicht erscheint, gilt als geständig und wird verurteilt („Versäumnisurteil").
- Einer Verschleppung des Prozesses ist durch Fristen und Termine vorzubeugen.

3. Das Verfahren vor dem Urteilsrichter

Die Zwölftafeln lassen erkennen, daß nicht in allen Fällen der Gerichtsbeamte das Urteil fällte, sondern daß er unter Umständen die Sache einem Geschworenenrichter *(iudex)* zur näheren Sachprüfung oder einem Schiedsrichter *(arbiter)* zur Ermessensentscheidung zuwies. Diese Zweiteilung des Verfahrens ist dann alsbald zur Regel und zu einem Charakteristikum des römischen Zivilprozesses geworden (vgl. unten § 9 I).

Nach einem Bericht in den Institutionen des Gaius (4.17a) sahen die Zwölftafeln eine besondere Klageart „*per iudicis postulationem*" vor bei Forderungen aus ‚Sponsionen'. Die Aussage über die *legis actio per iudicis arbitrive postulationem* ist in einem 1933 in Ägypten gefundenen Fragment enthalten. In älteren Ausgaben des Gaiustextes würde man sie also vergeblich suchen.

Die *sponsio* ist ein verpflichtender Vertrag, der seinen Namen von der Art des Zustandekommens der Verpflichtung erhalten hat. Der Gläubiger formulierte die Verpflichtung und fragte den Schuldner ‚*spondesne*'; der

Schuldner antwortete: ‚*spondeo*'. Dieser Wortformalismus erinnert an magische Formeln. In der Tat dürfte die Bindungswirkung der *sponsio* ursprünglich im Bereich des Magischen zu suchen sein; es handelt sich um eine Art des eidlich begründeten Versprechens. Später bürgert sich für diesen verpflichtenden Vertrag die Bezeichnung *stipulatio* ein. In welchem Verhältnis die Begriffe *sponsio* und *stipulatio* zueinander gestanden haben, ist nicht restlos geklärt. Sprachlich bezeichnet „*spondere*" das Verhalten des Verprechenden, „*stipulari*" (‚sich versprechen lassen') das des Versprechensempfängers. Möglicherweise werden mit den Wörtern *sponsio* und *stipulatio* nur zwei Seiten desselben Phänomens beschrieben. Andererseits wird der Begriff *stipulatio* auch für solche Verträge verwendet, bei denen die Verbindlichkeit mit Floskeln wie ‚*promittisne – promitto*' oder ‚*dabisne – dabo*' zustande gebracht wurde. *Stipulatio* ist daher vielleicht der umfassendere Begriff.

Die Zwölftafeln setzen die rechtlich bindende Wirkung der *sponsio-stipulatio* offenbar als gegeben voraus und regelten durch Zuweisung dieser Fälle zur *legis actio per iudicis arbitrive postulationem* nur die Art und Weise des Rechtsschutzes.

Auf die Verhandlung vor dem Geschworenenrichter (*arbiter* oder *iudex*) bezieht sich das folgende Fragment (tab. 2.2):

... MORBUS SONTI-	Schwere Krankheit ... oder ein
CUS ... AUT STATUS	Gerichtstermin mit einem Auslän-
DIES CUM HOSTE ...	der ... wenn einer von diesen Hin-
QUID HORUM FUIT	derungsgründen bei einem *iudex*,
UNUM IUDICI ARBI-	einem *arbiter* oder einer Prozeß-
TROVE REOVE EO	partei besteht, so soll dadurch der
DIES DIFFISSUS	Termin verschoben sein.
ESTO.	

Aus diesem Fragment folgt, daß auch Ausländern in jener frühen Zeit schon Rechtsschutz gewährt wurde und daß ein Gerichtstermin mit einem Ausländer sogar den Vorrang vor anderen Terminen hatte. Wie wichtig der Termin mit dem Ausländer genommen wurde, erhellt übrigens auch daraus, daß er den Wehrpflichtigen von der Gestellungspflicht befreite (Gellius, Noct. Att. 16.4.4).

4. Das Vollstreckungsverfahren

Die Zwölftafeln richten keine staatliche Zwangsvollstreckung ein, sondern überlassen die Durchsetzung der ausgeklagten Ansprüche nach wie vor der Selbsthilfe des Gläubigers, wobei sie allerdings für die Selbsthilfe bestimmte Fristen und Formen vorschreiben. Eine gewisse Schuldnerfreundlichkeit läßt sich trotz der Härte der Vorschriften nicht verkennen (tab. 3.1–4):

AERIS CONFESSI RE-
BUSQUE IURE IUDI-
CATIS XXX
DIES IUSTI SUNTO.

Bezüglich einer vor Gericht anerkannten Geldschuld und bei rechtskräftigen Urteilen sind dreißig Tage (als Erfüllungsfrist) rechtmäßig.

POST DEINDE MANUS
INIECTIO ESTO.
IN IUS DUCITO.

Danach soll die Verhaftung (des Schuldners durch den Gläubiger) erfolgen. Der Gläubiger soll den Schuldner an die Gerichtsstätte bringen.

NI IUDICATUM
FACIT AUT QUIS
ENDO EO IN IURE
VINDICIT, SECUM
DUCITO.

Wenn der Schuldner dem Urteil nicht nachkommt oder wenn nicht irgendjemand für ihn vor Gericht die Bürgschaft übernimmt, darf der Gläubiger den Schuldner mitnehmen (in die Schuldknechtschaft abführen).

VINCITO AUT NERVO
AUT COMPEDIBUS
XV PONDO, NE
MAIORE, AUT SI
VOLET, MINORE
VINCITO.

Er kann ihn fesseln mit einem Strick oder mit Fußfesseln von 15 Pfund; er darf ihn nicht mit schwereren, wenn er jedoch will, mit leichteren fesseln.

SI VOLET, SUO
VIVITO. NI SUO
VIVIT, QUI EUM
VINCTUM HABEBIT,
LIBRAS FARRIS ENDO
DIES DATO.

Wenn er will, darf sich der Schuldner selbst verpflegen. Wenn er sich nicht selbst verpflegt, so soll ihm derjenige, der ihn gefesselt hält, ein Pfund Speltbrei am Tag geben.

SI VOLET, PLUS
DATO.

Wenn er will, kann er ihm auch mehr geben.

Diese Art der Schuldknechtschaft wird in der Folgezeit durch Gesetze eingeschränkt. So hat eine *lex Poetelia*, die in das Jahr 326 v. Chr. datiert wird, zumindest die Fesselung verboten. An die Stelle der wirklich ‚persönlichen' Haftung tritt noch in der Zeit der Republik eine Zwangsvollstreckung in das Vermögen: Der Prätor weist den Gläubiger in das Vermögen des Schuldners ein *(missio in bona)*.

Auf das Vollstreckungsverfahren bezieht sich auch das folgende Fragment (tab. 3.6):

TERTIIS NUNDINIS	Am dritten Markttage sollen sie
PARTIS SECANTO.	Teile schneiden. Wenn sie mehr
SI PLUS MINUSVE	oder weniger abgeschnitten haben,
SECUERUNT, SE	so soll das ohne Nachteil sein.
FRAUDE ESTO.	

Ganz eindeutig wird hier der Fall geregelt, daß *mehrere* Gläubiger gegen einen Schuldner die Zwangsvollstreckung betreiben, ein Fall also, der heute zum Konkurs über das Vermögen des Schuldners führen würde.

Seit Aulus Gellius (Noct. Att. 20, 1, 46f.) erblickt man in diesem Fragment die Erlaubnis zur körperlichen Zerstückelung des Schuldners und damit einen Beweis für die Grausamkeit des alten Rechts. Aber es ist sehr die Frage, ob Gellius die Stelle aus den Zwölftafeln richtig verstanden hat. Gewiß läßt sich bei den archaischen Vorstellungen, die das Zwölftafelgesetz auf weiten Strecken beherrschen, an eine rituelle Tötung denken. Ebenso gut wäre aber auch eine Aufteilung des Schuldnervermögens unter die Gläubiger denkbar. Dann hätte nämlich die Vorschrift, daß es ohne Nachteil sein soll, wenn ein Gläubiger „mehr oder weniger" (als ihm zusteht) abschneidet, ihren guten Sinn: der römische Staat stellt kein geregeltes Konkursverfahren zur Verfügung, in dem jeder Gläubiger quotal befriedigt wird, sondern überläßt den Gläubigern den freien Zugriff auf das Schuldnervermögen und versagt den Rechtsweg für Auseinandersetzungen unter den Gläubigern. Der Schuldner selbst mag in solchen Fällen „*trans Tiberim*" als Sklave verkauft worden sein (Gellius, a.a.O.), wobei sich die Gläubiger im Erlös teilen konnten.

Immerhin hat die Deutung des Fragments als Erlaubnis zur körperlichen Zerstückelung des Schuldners jahrhundertelang die Gemüter bewegt. Sie liegt als literarisches Motiv Shakespeares ‚Kaufmann von Venedig' zugrunde.

II. Das Familien- und Erbrecht

Im Bereich des Familienrechts werden die wichtigsten Institutionen vom Zwölftafelgesetz als bestehend vorausgesetzt und nur in einzelnen Beziehungen geregelt. Zu den vorausgesetzten Elementen gehören das Prinzip der Einehe und die patriarchalische Familienorganisation.

1. Das Eherecht

Hinsichtlich der *Eheschließung* soll eine der beiden letzten Gesetzestafeln das schon erwähnte Verbot der Eheschließung zwischen Patriziern und Plebejern enthalten haben (vgl. oben § 7 I), das durch die *lex Canuleia* 445 v. Chr. wieder beseitigt wurde. Die Eheschließung selbst brachte ursprünglich ein Überwechseln der Frau aus der Gewalt ihres *pater familias* in die Gewalt ihres Ehemannes (oder dessen *pater familias*) mit sich.

Die Gewalt, die der *pater familias* über Personen und Sachen ausübte, wurde mit dem Symbol der beherrschenden und beschützenden Hand belegt und demgemäß als *manus* bezeichnet. Für die Übernahme einer Person oder Sache aus der *manus*-Gewalt des einen *pater familias* in die eines anderen (,*mancipium*') haben die Römer ein Formalgeschäft entwickelt: die *mancipatio*. Diese ist ein Kaufgeschäft, das den Gewaltübergang unmittelbar bewirkt. Sie wurde vollzogen in Gegenwart von fünf Zeugen, die erwachsene römische Bürger sein mußten. Ein weiterer erwachsener römischer Bürger hielt eine Waage, mit der dem Veräußerer ungeprägtes Metall (*aes*) als Kaufpreis zugewogen wurde. Der Erwerber erklärte vor den Zeugen, daß der Gegenstand fortan ihm gehöre. Dieser Formalismus wurde auch noch in Zeiten geübt, als es in Rom längst gemünztes Geld gab. Es wurde dann nur noch mit einer Münze symbolisch an die Waagschale geschlagen (*mancipatio nummo uno*).

Die *mancipatio* diente in der besonderen Ausprägung der *coemptio* auch der Eheschließung. Wahrscheinlich war es so, daß der *pater familias* des Ehemannes die Braut seinem Sohn als Frau „*hinzukaufte*". Dennoch darf man nicht an einen realen Brautkauf denken. Wir haben keinen Beleg dafür, daß in Rom jemals ein echter Preis für die Frau gezahlt wurde. Im Gegenteil: Der Frau wurde von alters her ihr Anteil an der väterlichen Familienhabe als Mitgift (,*dos*') in die Mannesfamilie mitgegeben.

Wurde die Ehe formlos geschlossen, so trat die Wirkung des Gewaltübergangs nach Ablauf eines Jahres ein. Es handelt sich um eine Ersitzung, die ungestörten „Besitz" (*usus*) voraussetzte. Die Zwölftafeln haben nun eine Möglichkeit geschaffen, den durch einjährigen Vollzug der Ehe ohne weiteres eintretenden Übergang der Gewalt über die Frau auf die Mannesfamilie zu verhindern:

Gaius, Inst. 1.111:   Im Zwölftafelgesetz ist vorge-
lege XII tabularum cautum est, ut   schrieben, daß eine Frau, die nicht

si qua nollet eo modo in manum mariti convenire, ea quotannis trinoctio abesset atque eo modo (usum) cuiusque anni interrumperet.	auf diese Weise in die *manus*-Gewalt ihres Mannes geraten wollte, in jedem Jahr drei Nächte abwesend sein und auf diese Weise den *usus* eines jeden Jahres unterbrechen konnte.

Die durch dieses Rechtsinstitut (,*trinoctium*‘) ermöglichte gewaltfreie Ehe trat neben die sogenannte *manus*-Ehe und setzte sich gegen Ende der Republik immer mehr durch.

2. Emanzipation und Adoption

Die *Personengewalt* des *pater familias* umfaßte die Gewalt über Leben und Tod (*ius vitae necisque*; vgl. die oben § 5 II 1 zitierte Aussage Papinians) und auch das Recht, Familienangehörige durch *mancipatio* in die Gewalt eines anderen *pater familias* zu übertragen. Wahrscheinlich war es üblich geworden, daß Hausväter ihre Söhne auf Zeit gegen Geld in die Gewalt fremder Familien zur Arbeitsleistung überantworteten. Um Auswüchsen zu steuern, wurde in den Zwölftafeln verfügt, daß ein Haussohn nach dreimaligem ‚Verkauf‘ von der väterlichen Gewalt frei sein sollte (tab. 4.2):

SI PATER FILIUM TER VENUM DUIT, FILIUS A PATRE LIBER ESTO.	Wenn der Vater einen Sohn dreimal verkauft hat, soll der Sohn vom Vater frei sein.

Dieser Satz wird in der Folgezeit nun auch zu dem Zweck benutzt, um Haussöhne absichtlich aus der väterlichen Gewalt zu entlassen (etwa wenn sie außerhalb der Stadt Rom einen eigenen Hausstand begründen wollten). Der Haussohn wurde einem Treuhänder manzipiert. Dieser ließ ihn vor dem Gerichtsmagistrat frei, wodurch der Sohn wieder in die Gewalt des *pater familias* zurückfiel. Der Vorgang wurde ursprünglich wohl zweimal wiederholt. Da dem Freilasser aber das Recht des Patrons über den Freigelassenen zufiel, wurde der Sohn später zumeist nach der dritten Manzipation nicht vom Treuhänder freigelassen, sondern durch Manzipation dem Vater zurückübertragen (*remancipatio*), der ihn dann vor dem Gerichtsmagistrat freiläßt. Dieser aus verschiedenen Teilakten zusammengesetzte Vorgang, durch den der Haussohn von väterlicher Gewalt frei wird, hieß *emancipatio*. Die Ausbildung solcher kunstvoll gestalteten Gebilde, mit denen das karge Zwölftafelrecht den Bedürfnissen einer späteren Zeit dienstbar gemacht wird, schreibt man wohl zu Recht der pontifikalen Jurisprudenz zu.

Für die Emanzipation von Töchtern und Enkeln genügt *eine* Manzipation mit Freilassung, was damit begründet wird, daß das Zwölftafelfragment ausdrücklich nur beim *‚filius'* einen dreimaligen Verkauf fordert. Derselbe Zwölftafelsatz bildet die Grundlage für ein anderes zusammengesetztes Rechtsgeschäft: die *Adoption*. Sie setzt sich aus folgenden Teilakten zusammen:

1. Manzipation des Sohnes an den künftigen Adoptivvater;
2. Freilassung durch den Adoptivvater vor dem Gerichtsmagistrat, wodurch die Gewalt des leiblichen Vaters wieder auflebt;
3. wiederholte Manzipation an den Adoptivvater;
4. wiederholte Freilassung;
5. dritte Manzipation an den Adoptivvater;
6. Remanzipation an den leiblichen Vater;
7. Es schließt sich an eine Art von Scheinprozeß (*in iure cessio;* vgl. unten § 9 II 1.4): Der Adoptivvater behauptet vor dem Gerichtsmagistrat, daß der Sohn ihm gehöre, das heißt seiner väterlichen Gewalt unterstehe. Der leibliche Vater widerspricht dem nicht, worauf der Gerichtsmagistrat in Anwendung des Zwölftafelgesetzes 1. 8 (vgl. oben I 2) den Sohn dem Adoptivvater zuspricht.

Bei Töchtern und Enkeln genügt auch hier jeweils eine Manzipation, an die sich Remanzipation und *in iure cessio* anschließen. Die Möglichkeit der Annahme an Kindes Statt durch Adoption tritt neben die der Arrogation, die vor der Volksversammlung zu vollziehen war (vgl. oben § 5 III 2), und verdrängt diese schließlich in der praktischen Anwendung.

3. Vormundschaft und Pflegschaft

Nach dem Recht der Zwölftafeln standen Frauen, wenn sie von väterlicher Gewalt frei wurden, unter Vormundschaft *(tutela)*. Zur Vormundschaft berufen war der nächste ‚agnatische' (= im Mannesstamm = über die Person des Vaters) Verwandte. An der Frauentutel haben die Römer stets festgehalten, wenn sie später auch Mittel und Wege gefunden haben, gewaltfreie Frauen im Einzelfall von der Vormundschaft freizustellen. Die Zwölftafeln knüpfen im Familien- und Erbrecht stets an die *agnatische* Verwandtschaft an. Sind keine Agnaten vorhanden, so treten die Gentilen, das heißt Angehörige derselben (durch Verwandtschaft im Mannesstamm verbundenen) Sippe, an ihre Stelle. Die Blutsverwandt-

schaft *(cognatio)* dient erst verhältnismäßig spät den Prätoren zur An-
knüpfung von Regelungen, die das Zivilrecht korrigieren.

Auf die agnatische Verwandtschaft wird auch die Pflegschaft *(cura)*
über Geisteskranke gegründet (tab. 5.7):

SI FURIOSUS ESCIT,	Wenn jemand geisteskrank ist, sol-
ADGNATUM GENTI-	len die Agnaten und Gentilen über
LIUMQUE IN EO	ihn und sein Vermögen die Gewalt
PECUNIAQUE EIUS	ausüben.
POTESTAS ESTO.	

4. Erbrecht

Über das Erbrecht enthalten die Zwölftafeln folgende Bestimmungen
(tab. 5.3–5):

UTI LEGASSIT SUPER	Wie jemand hinsichtlich seines
PECUNIA TUTELAVE	Geldes und der Herrschaft über
SUAE REI, ITA IUS	sein Vermögen letztwillig verfügt,
ESTO.	so soll das rechtens sein.
SI INTESTATO MORI-	Wenn jemand stirbt, ohne ein Te-
TUR, CUI SUUS	stament errichtet zu haben, dann
HERES NEC ESCIT,	soll, wenn er keinen Hauserben
ADGNATUS PROXI-	hat, der nächste agnatische Ver-
MUS FAMILIAM	wandte das Familiengut haben.
HABETO.	
SI ADGNATUS NEC	Wenn kein agnatischer Verwand-
ESCIT, GENTILES	ter vorhanden ist, sollen die Genti-
FAMILIAM HABENTO.	len das Familiengut haben.

Diese Bestimmungen beziehen sich wohl noch auf das in Gesetzesform
gekleidete *testamentum calatis comitiis* (vgl. oben § 5 III 1). So erklärt
sich, daß das Wort „*legare*" hier im Sinne einer letztwilligen Verfügung
gebraucht wird.

Die Vorschrift über das Erbrecht der Agnaten und Gentilen setzt voraus, daß in erster Linie die Abkömmlinge des Erblassers, die durch dessen
Tod gewaltfrei werden, zur Erbfolge (und zwar zu gleichen Teilen) berufen sind. Ein gleicher Erbteil steht der überlebenden Ehefrau des Erblassers zu, wenn sie zu dessen Lebzeiten in seiner *manus*-Gewalt gestanden
hat. Diese Personen werden seit den Zwölftafeln „*sui heredes*" (Hauser-
ben) genannt und können bei letztwilligen Verfügungen nicht ohne wei-

teres übergangen werden. Hat der Erblasser die Erbfolge nicht abweichend geregelt, so bilden die *sui heredes* nach dem Erbfall eine Erbengemeinschaft: *consortium*. Die Zwölftafeln kennen eine besondere Klage, mit der ein Miterbe die Erbteilung begehren kann, die *actio familiae erciscundae*. Bei dieser Klage beauftragt der Gerichtsmagistrat mit der realen Teilung des Nachlasses einen *arbiter;* dieser kann das Eigentum an den Nachlaßgegenständen rechtsgestaltend den einzelnen Miterben zuweisen (sogenannte *adiudicatio*).

III. Das Vermögensrecht und der Anwendungsbereich der *mancipatio*

1. Die Geschäfte per aes et libram

Eine für die weitere Rechtsentwicklung sehr bedeutsame Aussage enthält tab. 6.1:

CUM NEXUM FACIET	Wenn immmer ein Nexum und ein
MANCIPIUMQUE, UTI	Manzipium vorgenommen wird,
LINGUA NUNCU-	so soll das, wie es mit der Zunge
PASSIT, ITA IUS ESTO.	kundgetan wird, rechtens sein.

Der Begriff des *nexum*, der in diesem Fragment verwendet wird, gibt einige Rätsel auf. Er ist gewiß von *nectere* (= binden, fesseln) abgeleitet. Am ehesten läßt sich das *nexum* als symbolische Fesselung begreifen, durch die dem Gläubiger, der dem Schuldner vor Zeugen Metall darlehensweise zuwiegen läßt, ein Zugriffsrecht auf die Person des Schuldners (für den Fall, daß er die Valuta nicht rechtzeitig zurückerstattet) begründet wird. Es diente auch dazu, durch Begründung einer zeitlich befristeten Schuldknechtschaft die drohende Zwangsvollstreckung, die zu dauernder Schuldknechtschaft geführt hätte, abzuwenden. Diese Art der Haftungsbegründung „*per aes et libram*" ist mit dem Vordringen gemünzten Geldes außer Übung gekommen und zusammen mit dem Institut der Schuldknechtschaft (vgl. oben § 8 I 4) verschwunden.

Dagegen blieb die *mancipatio* als Kauf- und Übereignungsgeschäft in Gebrauch bis in die klassische Zeit. Ihre Förmlichkeiten sind oben in Abschnitt II 1 bereits geschildert worden. Gegenstand der Manzipation konnten nur die sogenannten *res mancipi* sein, nämlich Hauskinder, Sklaven, (italische) Grundstücke und diejenigen vierfüßigen Tiere, die an Hals oder Rücken gezähmt werden. Alle anderen Gegenstände sind *res nec mancipi*, können also nicht durch *mancipatio* übertragen werden. Die Einteilung *res mancipi – res nec mancipi* ist nur aus der bäuerlichen Wirtschaft und Gesellschaft der römischen Frühzeit zu erklären.

Das oben wiedergegebene Fragment bestimmt nun, daß mündliche Erklärungen, die bei einem Manzipationsgeschäft vor den Zeugen abgegeben werden, verbindlich sein sollen. Solche *nuncupata* oder *dicta in mancipio* betrafen bei der Kaufmanzipation zum Beispiel die Qualität der Kaufsache. Mittels solcher *dicta* ließen sich auch *res nec mancipi* als Zubehör der eigentlichen Kaufsache in das Geschäft einbeziehen.

Mit Hilfe der mündlichen Nebenabreden konnten die Rechtswirkungen der *mancipatio* besonders ausgestaltet werden. Umgekehrt ließen sich mündliche Erklärungen dadurch verbindlich und klagbar machen, daß man sie mit dem Mantel einer Manzipation umgab. Um mündlichen Abreden Rechtskraft zu verleihen, griffen die Römer gern zu dem rechtstechnischen Mittel, den Rechtsakt in die Form der *mancipatio* zu kleiden. Insbesondere die *mancipatio nummo uno*, bei der nur noch mit einer Münze an die Waagschale geschlagen wird, ist vielseitig verwendbar. So dient die *mancipatio* nicht nur als *Eheschließungsform (coemptio)*, sondern auch die *Ehescheidung* vollzieht sich in Manzipationsform *(remancipatio* = Übertragung auf einen Treuhänder, der die Frau dann freiläßt). Die Frau erlangt durch *coemptio* und spätere *remancipatio* die *Testierfähigkeit*. Diese Rechtsfolge wird nun aber auch bewußt herbeigeführt, indem die Frau durch *coemptio* einem Treuhänder übergeben wird und dieser sie dann sofort remanzipiert. Durch Freilassung erlangt die Frau die Testierfähigkeit. Bis zur Zeit Hadrians war diese *coemptio ‚fiduciaria‘* in Gebrauch.

Die Verwendung der Manzipation zu den Zwecken der *Adoption* und *Emanzipation* ist oben (unter II 2) bereits behandelt worden.

Die Manzipation wird last not least auch der *Testamentserrichtung* dienstbar gemacht. Bei dem ‚Libral‘-Testament (*testamentum per aes et libram*) tritt der Erblasser in die Verkäuferposition; er fungiert als ‚*mancipio dans‘*. Als Erwerber (‚*mancipio accipiens‘*) tritt aber nicht der künftige Erbe auf. In den meisten Fällen wollte der Erblasser einen der Abkömmlinge zum Erben einsetzen. Als Gewaltunterworfener konnte dieser aber keine Parteirolle bei der Manzipation einnehmen. Man entschied sich auch hier für einen Treuhänder, der die Erwerberrolle zu spielen hatte, den ‚*familiae emptor‘*. Beim Erbfall hatte der *familiae emptor* den Nachlaß an den Erben auszufolgen. Über den Vorgang der Testamentserrichtung *per aes et libram* sind wir durch Gaius, Inst. 2. 104 unterrichtet:

Eaque res ita agitur: qui facit testamentum, adhibitis, sicut in ceteris

Und dieser Vorgang vollzieht sich wie folgt: Derjenige, der das Testa-

mancipationibus, V testibus civibus Romanis puberibus et libripende,

ment errichtet, zieht wie bei den anderen Manzipationsgeschäften fünf volljährige römische Bürger als Zeugen zu und einen Waagehalter.

postquam tabulas testamenti scripserit, mancipat alicui dicis gratia familiam suam;

Nachdem er die Testamentstafel geschrieben hat, manzipiert er einem Dritten der Form halber seine Familienhabe.

in qua re his verbis familiae emptor utitur:
FAMILIAM
PECUNIAMQUE TUAM
ENDO MANDATELA
TUA CUSTODELAQUE
MEA ESSE AIO, EAQUE,
QUO TU IURE
TESTAMENTUM
FACERE POSSIS
SECUNDUM LEGEM
PUBLICAM, HOC AERE
et ut quidam adiciunt,
AENEAQUE LIBRA
ESTO MIHI EMPTA.
Deinde aere percutit libram, idque aes dat testatori velut pretii loco;

Dabei spricht der *familiae emptor* folgende Worte:
Ich erkläre, daß deine Familienhabe in deiner ‚Mandatel‘ und meiner ‚Kustodel‘ steht – nach welchem Recht du ein Testament gemäß dem öffentlichen Gesetz errichten kannst –, und sie soll mir gekauft sein mit diesem Metall (und wie manche hinzufügen) und mit der Erzwaage.

Danach schlägt er mit dem Metall-(Geld-)stück an die Waagschale und gibt es dem Testator gleichsam als Kaufpreis.

deinde testator tabulas testamenti manu tenens ita dicit:

Danach sagt der Testator, wobei er die Tafeln des Testaments in der Hand hält:

HAEC ITA UT IN HIS
TABULIS CERISQUE
SCRIPTA SUNT, ITA
DO, ITA LEGO, ITA
TESTOR, ITAQUE VOS,
QUIRITES, TESTIMO-
NIUM MIHI
PERHIBETOTE.

So wie es in diesen Wachstafeln geschrieben steht, so gebe ich, so bestimme ich und so testiere ich und dafür sollt ihr, Quiriten, mir Zeugnis ablegen.

et hoc dicitur nuncupatio ...	Und das wird ‚Nunkupation' genannt ...

Aus den letzten Worten wird deutlich, daß das *testamentum per aes et libram* einen Anwendungsfall des Zwölftafelsatzes 6. 1 (... *uti lingua nuncupassit, ita ius esto*) darstèllt. Einstmals dürfte der Name des Erben selbst vor den Manzipationszeugen genannt worden sein. Bei der von Gaius geschilderten fortgeschrittenen Form des Libraltestamentes wird der Name des Erben in der Testamentsurkunde schriftlich fixiert, und die *nuncupatio* bezieht sich global auf den zu diesem Zeitpunkt den Zeugen noch gar nicht bekannten Inhalt der Urkunde.

Im *familiae emptor* will man heute oft Ansätze eines Testamentsvollstreckers erblicken. Der wahre Grund für das Einbeziehen des *familiae emptor* in den Vorgang der letztwilligen Verfügung liegt aber darin, daß er gebraucht wurde, um den Rechtsakt in die Form der *mancipatio* zu gießen, die ja notwendig war, um die *nuncupatio* mit Rechtswirkung auszustatten.

Das Libraltestament verdrängt schon in der Republik die beiden älteren Testamentsformen (zu ihnen s. oben § 5 III 1). Mit der Zeit gewinnt die Testamentsurkunde, die sieben Siegel trägt (nämlich die der fünf Manzipationszeugen, des Waagehalters und des *familiae emptor*), mehr Bedeutung als das Ritual der *mancipatio*. Am Ende der Entwicklung steht das Siebenzeugentestament des prätorischen Rechts in der klassischen Zeit.

2. Der usus-auctoritas-Satz

Nach Cicero, *top.* 4. 23 haben die Zwölftafeln bestimmt:

Usus auctoritas fundi biennium est (o) ... *ceterarum rerum omnium* ... *annuus est usus.*	Besitz und Gewährschaft sollen bei einem Grundstück zwei Jahre dauern, bei allen übrigen Sachen ein Jahr.

Versteht man *usus* als eine Genitivform, so würde die Übersetzung zu lauten haben: Die Gewährschaft für den Besitz soll bei einem Grundstück zwei Jahre, bei allen anderen Sachen ein Jahr betragen.

Zum Verständnis dieses Zwölftafelsatzes (tab. 6. 3) ist es notwendig, sich von der modernen gedanklichen Vorstellung des Eigentums als eines absoluten, unbefristeten und unbegrenzten Herrschaftsrechtes freizumachen. Der Eigentumsbegriff hatte sich zu jener Zeit noch nicht herausgebildet. Die prozessuale Betrachtungsweise beherrscht das Bild.

Wird jemand auf Herausgabe eines Gegenstandes, den er durch ein Geschäft unter Lebenden erworben hat, verklagt, so weist er sein Recht zum Besitz dadurch nach, daß er sich auf die Rechtsposition des Vorbesitzers beruft. Er muß den Vorbesitzer, von dem er sein Recht ableitet, veranlassen, vor Gericht zu erscheinen und den Prozeß als sein Gewährsmann zu übernehmen. Über diesen ‚Zug auf den Gewähren' sind wir aus dem germanisch-deutschen Recht des Mittelalters besser unterrichtet als aus der römischen Antike. Auf Grund der Terminologie und der gleichen Interessenlage ist jedoch anzunehmen, daß die *‚auctoritas'* des altrömischen Rechts der ‚Gewährschaft' des germanisch-deutschen Rechts weitgehend entspricht.

Tritt der Veräußerer auf Verlangen des von dritter Seite beklagten Erwerbers nicht als Gewähre auf, so verliert der Beklagte den Prozeß; er hat die Sache dem Dritten herauszugeben (sogenannte Eviktion oder Entwehrung). Es bleibt ihm nur übrig, sich an dem Veräußerer schadlos zu halten.

Im alten Rom bestand folgende Rechtslage: War der evinzierte Gegenstand durch *mancipatio* übertragen worden, so konnte der Geschädigte den Veräußerer wegen der Eviktion auf das Doppelte des Kaufpreises in Anspruch nehmen. Diese Klage auf das Doppelte (heutzutage oft ‚*actio auctoritatis*' genannt) hat einen deliktischen Ursprung: Der Veräußerer, der das ihm zugewogene Metall davonträgt, erweist sich als dessen Dieb, sobald der Erwerber den Kaufgegenstand an einen Dritten mit Rücksicht auf dessen besseres Recht herausgeben muß. Den Veräußerer trifft daher auf Grund der *mancipatio* und der aus ihr folgenden Eviktionshaftung eine *Obliegenheit* zur Gewährschaft. Tritt er nämlich im Eviktionsprozeß nicht als Gewähre auf, so setzt er sich der Klage des von ihm im Stich gelassenen Erwerbers auf das Doppelte aus.

Die *mancipatio nummo uno,* bei der nur noch mit einer Geldmünze an die Waagschale geschlagen wurde, hat allerdings keine echte Obliegenheit zur Gewährschaft mehr begründet. Die (Delikts-)Klage auf das Doppelte wäre ja nur noch auf den doppelten Wert dieser *‚pretii loco'* übergebenen Münze gegangen. Wenn die *mancipatio nummo uno* dem käuflichen Erwerb dienen sollte, so übernahm der Veräußerer in der Form der *sponsiostipulatio* (dazu vgl. oben § 8 I 3) die Verpflichtung, im Eviktionsfall das Doppelte des Wertes der Kaufsache an den Erwerber zu zahlen. Diese *‚stipulatio duplae',* die noch in Manzipationsurkunden des 2. Jahrhunderts n. Chr. anzutreffen ist, begründet auf vertraglicher Basis die gleiche Obliegenheit zur Gewährschaftshilfe, wie sie bei der ursprünglichen Gestalt der *mancipatio* aus der auf das ,*duplum*' gerichteten Deliktsklage folgte.

Der Gewährenzug ist eine altertümliche Einrichtung. Er erweist sich als nicht mehr praktikabel, sobald Gegenstände des öfteren veräußert werden. Dann nämlich muß nicht nur der Vorbesitzer des Erstbeklagten auftreten, vielmehr muß auch er auf seinen Gewähren zurückgreifen; dieser wiederum hat seinen Gewährsmann zur Übernahme der Beklagtenstellung im Prozeß zu veranlassen und so weiter. Wenn so eine ganze Kette von Gewähren aufgeboten werden muß, dann besteht ein erhebliches Bedürfnis, den Erwerber einer Sache nach einer gewissen Zeit von der Notwendigkeit des persönlichen Erscheinens seines Gewährsmannes vor Gericht zu entbinden und ihm den Zeugenbeweis zu gestatten. Darin dürfte die ursprüngliche Funktion des *usus-auctoritas*-Satzes der Zwölftafeln zu sehen sein: Wer ein Grundstück zwei Jahre lang, andere Sachen ein Jahr lang, im Besitz hat, braucht nicht mehr den Gewähren in Person zu stellen, sondern kann durch Zeugen den rechtmäßigen Erwerb nachweisen.

Wie vieles, ist auch dieses sehr umstritten. Die hier wiedergegebene Deutung fügt sich m. E. am besten in das Bild ein, das die Quellen bieten, und erklärt manche Eigentümlichkeit der späteren Entwicklung. Zusätzlich läßt sich die Parallelentwicklung im germanisch-deutschen Recht heranziehen. Im Bayerischen Landrecht von 1346 heißt es im 16. Titel, Nr. 193: „Wer angesprochen wirt umb aigen dez er nicht gesezzen ist ain iar und mer pey nucz und pey gewer an alle recht ansprach, der mag sich dez wol verantwurten mit seinem gewern ...". Aus Nr. 188, a. a. O., ist ersichtlich, daß dem Beklagten nach Ablauf der Frist von „ain iar und ainen tag" der Zeugenbeweis offensteht. Nicht nur die Frist, sondern auch die Begriffe „nucz und gewer", die fast wie eine Übersetzung von *usus auctoritas* anmuten, lassen die Parallele zum Zwölftafelsatz 6, 3 deutlich werden.

Ist dem so, dann erscheint die Hinzuziehung von fünf Zeugen und einem Wägemeister beim Manzipationsgeschäft in einem anderen Licht. Es handelt sich nicht nur um Solennitätszeugen, die dem Akt eine besondere Förmlichkeit verleihen, sondern zugleich um potentielle Prozeßzeugen. So bestimmt denn auch Zwölftafeln 8.22:

QUI SE SIERIT TESTARIER	Wer sich herbeigelassen hat, als
LIBRIPENSVE FUERIT, NI	Zeuge zu fungieren, oder wer
TESTIMONIUM FATIATUR,	Waagehalter gewesen ist, soll,

INPROBUS INTESTABILIS- wenn er das Zeugnis nicht ablegt,
QUE ESTO. unehrenhaft und zeugnisunfähig
sein.

Die *usus-auctoritas*-Regel der Zwölftafeln bewirkt, daß der Beklagte
im Eigentumsprozeß, wenn er eine ununterbrochene ein- oder zweijäh-
rige Sachherrschaft *(usus)* nachweisen kann, eine günstigere Stellung be-
kommt. Aber der Nachweis der bloßen Sachherrschaft während der genannten Fristen dürfte nicht ausgereicht haben, um im Prozeß zu obsie-
gen. Zusätzlich mußte der Beklagte wohl dartun, daß ihm während der
Frist auch Gewährschaft *(auctoritas)* geleistet worden wäre. In der Sache
bedeutete das die Notwendigkeit, einen Erwerbsvorgang nachzuweisen,
auf Grund dessen dem Erwerber Gewährschaftshilfe zu leisten war *(,iusta
causa')*. Die römische Rechtswissenschaft bildete alsbald den *usus-auctoritas*-Satz zum Rechtsinstitut der *usucapio* fort, zu dessen Voraussetzungen die *iusta causa* und der Ablauf der in tab. 6.3 bestimmten Fristen
gehörten.

Das auf tab. 6.3 gegründete Rechtsinstitut der *usucapio* hatte nicht nur
eine Beschränkung des Gewährenzugs zur Folge, sondern auch die Wirkungen einer *Ersitzung*. Damit erfüllte die *usucapio* zugleich die Funktionen eines Erwerbs vom Nichtberechtigten, wie er im germanisch-deutschen Recht verbreitet war und wegen der Bedürfnisse des Handelsver-
kehrs auch im geltenden Recht vorzufinden ist (vgl. § 932 ff. BGB). Im
römischen Recht trat der Erwerb vom Nichtberechtigten nicht sofort,
sondern erst nach Ablauf der – allerdings relativ kurzen – Usukapionsfrist ein.

Beim Erwerb vom Nichtberechtigten machten die Römer eine Einschränkung: Wer wußte, daß der Veräußerer nicht der Eigentümer war,
war sich auch darüber im klaren, daß ihm der Veräußerer keine erfolgrei-
che Gewährschaftshilfe leisten konnte. Er hatte es also von vornherein
darauf angelegt, durch Zahlung des einfachen Kaufpreises gegen den
Veräußerer die Klage auf das Doppelte zu erlangen. Ein solches Verhalten war arglistig und widersprach der *bona fides,* auf der in der
späteren Republik die meisten Erwerbsgründe beruhten (vgl. unten
§ 9 IV). So war Voraussetzung für den Erwerb vom Nichtberechtigten
durch *usucapio* der ,gute Glaube' an die Eigentümerstellung des Ver-
äußerers. Nur der geschilderte Zusammenhang mit der Auktoritäts-
haftung macht erklärlich, weshalb fahrlässiges Nichtwissen dem Erwerber nicht schadete (anders heute bei grober Fahrlässigkeit: § 932

Abs. 2 BGB) und warum auch nachträglich erlangte Kenntnis die Ersitzung nicht ausschloß.

Dem Dieb konnte der *usus-auctoritas*-Satz nicht zum Erwerb der gestohlenen Sachen verhelfen. Er konnte ja keinen rechtmäßigen Erwerbsvorgang *(iusta causa)* nachweisen. Veräußerte der Dieb jedoch die gestohlene Sache an einen gutgläubigen Dritten weiter, so trat möglicherweise bei diesem die Ersitzungswirkung ein. Hier schuf aber eine *lex Atinia* aus dem 3. oder 2. Jahrhundert v. Chr. einen Hinderungsgrund:

QUOD SUBRUPTUM ERIT, EIUS REI AETERNA AUCTORITAS ESTO.	Was sich als gestohlen erweisen wird, in bezug auf diese Sache soll immerwährende Gewährschaft sein.

Dieses Gesetz schließt hinsichtlich gestohlener Sachen die Berufung auf den *usus-auctoritas*-Satz der Zwölftafeln aus. In der Sache kam damit das römische Recht dem germanisch-deutschen Recht näher, das einen Erwerb vom Nichtberechtigten nur an solchen Gegenständen zuließ, die der Eigentümer freiwillig aus der Hand gegeben hatte. Die gleiche Interessenbewertung nimmt heute § 935 Abs. 1 BGB vor.

Übrigens haben die Zwölftafeln auch alle Ausländer von der Rechtswohltat des *usus-auctoritas*-Satzes ausgeschlossen (tab. 3.7):

ADVERSUS HOSTEM AETERNA AUCTORITAS ESTO.	Zum Nachteil des Ausländers soll immerwährende Gewährschaft sein.

Der Ausländer bedurfte also stets, wenn er sich im Eigentumsprozeß auf einen abgeleiteten Erwerb berief, des Eintritts seines Gewähren. Die Ersitzungswirkungen kamen ihm nicht zugute.

IV. Das Deliktsrecht

1. Die Grundsätze

Der römische Staat war zur Zeit des Erlasses der Zwölftafeln nach innen noch nicht mächtig genug, um Ordnung, Sicherheit und Gerechtigkeit durch eine öffentliche Strafrechtspflege zu gewährleisten. Die Ahndung von Untaten blieb dem Verletzten, genauer gesagt: der *Familie* des Verletzten, vorbehalten. Der Staat griff offenbar nur bei Hoch- und Landesverrat *(perduellio)* ein, während er sogar die Verfolgung des Mörders

(parricida) den Angehörigen überließ. Das Selbsthilferecht der verletzten Familie war jedoch dadurch eingeschränkt, daß Fehde und Blutrache
eine Verhandlung vor dem Gerichtsmagistrat voraussetzten, der auf eine
gütliche Einigung *(pactio, pactum)* hinwirkte und nur bei Scheitern der
Einigung die Rache freigab. Bei manchen Delikten war das Maß der
Rache im Zwölftafelgesetz näher bestimmt, in anderen Fällen die Höhe
einer Geldzahlung, durch die der rächende Zugriff der verletzten Familie
abgewendet werden konnte. Die Familie des Schädigers konnte sich in
bestimmten Fällen von der Deliktshaftung dadurch befreien, daß sie den
Schädiger, falls es ein Haussohn oder ein Sklave war, der verletzten Familie auslieferte *(noxae datio)*. Diese ‚Noxalhaftung‘ blieb bis in die Klassik
hinein erhalten. Der *pater familias* des Delinquenten konnte später praktisch wählen, ob er die Buße zahlen oder sich durch *noxae datio* von der
Haftung lösen wollte.

Allgemein läßt sich sagen, daß die Zeit nach den Zwölftafeln durch ein
allmähliches Vordringen der staatlichen Strafrechtspflege gekennzeichnet
ist, daß aber die Grenze zwischen privatem Deliktsrecht und öffentli-
chem Strafrecht in der Antike stets anders verlief als in der Moderne. Das
öffentliche Strafrecht nahm bei weitem nicht den Raum ein, den es heute
hat. Das um so wichtigere private Deliktsrecht der Zwölftafeln kennt
nebeneinander Tötungsbefugnis, Talion (Vergeltung des Gleichen mit
Gleichem), feste Bußgeldsätze, am Sachwert orientierte Bußen und sakrale Sanktionen. Die Zwölftafeln charakterisieren hier eine Zeit des Um-
bruchs. In der weiteren Entwicklung tritt als Sanktion die *Bußzahlung*
immer mehr in den Vordergrund. Die Buße *(poena)* ist primär nicht
Schadenersatz, sondern eine Zahlung, die die verletzte Familie besänfti-
gen, ihre Rachegelüste beseitigen und ihr Genugtuung geben soll. In
manchen Fällen besteht die Buße daher im Doppelten oder im Vierfachen
des Sachwertes. Mittäter haften kumulativ, das heißt jeder von ihnen hat
die volle Buße dem Verletzten zu entrichten.

Das Schadenersatzrecht des BGB hat bewußt auf solche ‚pönalen‘ Elemente verzichten wollen. Bei dem Ersatz immaterieller Schäden aus Per-
sönlichkeitsverletzungen spielen solche Erwägungen in den Gerichtsent-
scheidungen der letzten Jahre jedoch wieder eine Rolle.

2. Körperverletzung

(tab. 8.2):
SI MEMBRUM RUPSIT, NI   Wenn jemand einem anderen ein

CUM EO PACIT, TALIO ESTO.

Glied bricht, soll mit ihm, falls er sich nicht mit dem Verletzten friedlich einigt, das Gleiche geschehen.

Hier wird für die Zerstümmelung eines Gliedes die Talion angeordnet; allerdings wird der Versuch der friedlichen Einigung zur Voraussetzung gemacht.

(tab. 8.3–4):

MANU FUSTIVE SI OS FREGIT LIBERO CCC, SI SERVO CL POENAM SUBITO.

Wenn jemand mit der Hand oder mit einem Knüppel einem Freien einen Knochen gebrochen hat, soll er als Buße 300 As, wenn einem Sklaven, 150 As, auf sich nehmen.

SI INIURIAM FAXSIT, VIGINTI QUINQUE POENAE SUNTO.

Wenn er einem ein Unrecht (leichte Körperverletzung, Beleidigung) zugefügt hat, sollen 25 As die Buße sein.

Solche festen Bußsummen haben den Nachteil, daß sie durch Änderung der Währungsverhältnisse wirkungslos werden können. Durch das Vordringen von Gold- und Silbermünzen und eine neue Gewichtsfestsetzung wurde in der Tat der Kupfer-As schon in der frühen Republik fast völlig entwertet.

Wie sich das auswirkte, erhellt folgende Anekdote: Der Römer Lucius Veratius machte sich ein Vergnügen daraus, Ohrfeigen auszuteilen. Wenn die so Mißhandelten aufbegehrten, wies der Übeltäter hohnlachend auf den ihn begleitenden Sklaven, der bereitwillig je 25 As auszahlte. Gellius, Noct. Att. 20, 1, 13 hat diese Anekdote dem Zwölftafelkommentar des Labeo (vgl. unten § 16 IV 2.1) entnommen.

Dies soll den Anstoß gegeben haben für eine Umgestaltung der Injurienklage. Bei der sogenannten *actio iniuriarum aestimatoria* verweist der Prätor den Rechtsstreit an einen *iudex*, der die Buße nach ‚*bonum aequum*‘, das heißt nach pflichtgemäßem Ermessen, festzusetzen hat. Dabei mögen griechische Einrichtungen als Vorbild gedient haben.

3. Diebstahl

Der nachts auf frischer Tat ertappte Dieb durfte getötet werden. Bei Tage hatte der Bestohlene ein ‚Gerüfte‘ zu erheben, wenn der Dieb sich verteidigte. Der vor den herbeigerufenen Zeugen festgenommene Dieb wurde vom Prätor dem Bestohlenen wohl ‚addiziert', das heißt in die Knechtschaft überliefert (vgl. oben § 8 I 4 und unten § 9 I 2).

(tab. 8.12–13):

SI NOX FURTUM	Wenn nachts ein Diebstahl ge-
FAXSIT, SI IM	schieht und wenn der Bestohlene
OCCISIT, IURE	den Dieb tötet, so soll dieser zu
CAESUS ESTO	Recht getötet sein.
LUCI ... SI SE	Bei Tage, wenn er sich mit der
TELO DEFENDIT ...	Waffe verteidigt, soll der Bestohle-
ENDOQUE PLORATO.	ne laut rufen.

Wurde der Diebstahl erst später entdeckt, so war die Sanktion eine Geldbuße in Höhe des doppelten Sachwertes (tab. 8.16):

SI ADORAT FURTO,	Wenn jemand einen Diebstahl an-
QUOD NEC MANIFESTUM	klagt, bei dem der Dieb nicht
ERIT, DUPLIONE DAMNUM	handhaft gemacht worden ist, so
DECIDITO.	soll der Dieb den Schaden durch
	das Doppelte beseitigen.

Als in späterer Zeit das Tötungsrecht zurückgedrängt wurde, setzte der Prätor als Buße für den handhaften Diebstahl *(furtum manifestum)* das Doppelte der Buße für das *furtum nec manifestum*, also das Vierfache des Sachwertes *(quadruplum)* fest.

Daneben kannten die Zwölftafeln auch das Rechtsinstitut der *Spurfolge*. Der Bestohlene durfte seine Sache im Hause des Verdächtigen suchen, und zwar, wie es heißt, *lance et licio*. Darunter ist wohl zu verstehen, daß der Betreffende nur mit einem Schurz (oder einer Kopfbinde?) bekleidet und eine Schüssel (Opferschale?) tragend die Haussuchung vornehmen durfte. Wurde dabei die gestohlene Sache entdeckt, so haftete der auf diese Weise Überführte auf das Dreifache des Sachwertes.

4. Tötungsdelikte

Der Mord *(parricidium)* scheint unter einer sakralen Sanktion gestanden zu haben. Der Mörder war friedlos; er durfte von jedermann – nicht nur von den Angehörigen des Ermordeten – getötet werden. Dabei waren aber möglicherweise bestimmte rituelle Formen zu wahren. So archaisch das auch immer anmuten mag, es gibt immerhin in den Zwölftafeln eine Bestimmung, die die fahrlässige Tat hiervon ausnimmt (tab. 8.24):

| *SI TELUM MANU FUGIT MA-GIS QUAM IECIT, ARIES SUBICITUR* | Wenn die Waffe mehr von der Hand geflohen ist, als er sie geworfen hat, wird ein Bock gestellt. |

Der Sündenbock ist in diesem Fall stellvertretend für den Täter das Objekt der Rache.

5. Sachbeschädigung

Über die Sachbeschädigung ist eine Regelung der Zwölftafeln nicht bekannt. Die Bestimmung, daß der Knochenbruch eines Sklaven mit 150 As zu büßen ist, wurde – wie die Norm über die Injurienbuße von 25 As – durch den Währungsverfall sicher bald wirkungslos. Abhilfe wurde hier allerdings nicht durch eine freie richterliche Bußfestsetzung geschaffen, sondern die Sachbeschädigung (einschließlich der Verletzung eines Sklaven) wurde durch ein Plebiszit, das in das Jahr 287/286 v. Chr. datiert wird, neu geregelt: die *lex Aquilia de damno*. Im gleichen Jahr soll nach der römischem Überlieferung die *lex Hortensia* erlassen worden sein, die den Plebisziten auch Geltung für die Patrizier beilegte (s. oben § 6 III). In der rechtshistorischen Wissenschaft wurden z. T. beide Datierungen bezweifelt, weil man darin eine Geschichtsklitterung sah. Diese hyperkritische Einstellung zu den Quellen dürfte heute überwunden sein.

Die Klage aus der *lex Aquilia* richtet sich auf Ersatz des Sachwertes. Bestreitet der Beklagte die Forderung dem Grunde nach, wird er, wenn er den Prozeß verliert, auf das Doppelte verurteilt. Man nennt diese Erscheinung, die auch bei verschiedenen anderen Klagen anzutreffen ist, *Litiskreszenz*. Das Gesetz setzt eine *rechtswidrige* Schadenszufügung *(damnum iniuria datum)* voraus. Die römische Rechtswissenschaft hat aus dem Begriff der *iniuria* aber auch das Erfordernis der *culpa* (zunächst noch nicht im Sinne von Fahrlässigkeit, sondern von persönlicher Verantwortlichkeit) herausgelesen. Ferner hat sie verlangt, daß der Schaden durch unmittelbare körperliche Einwirkung auf die beschädigte Sache entstanden sein müsse. Der hieraus folgende Ausschluß einer Ersatzpflicht für Drittschäden liegt noch dem Deliktsrecht des BGB zugrunde, wie überhaupt die Dogmatik, die sich seit dem Mittelalter an die *actio legis Aquiliae* knüpft, das moderne Delikts- und Schadenersatzrecht stark beeinflußt hat.

§ 9 Die Privatrechtspflege in der republikanischen Zeit und das Entstehen des prätorischen Rechts

I. Die Gerichtsverfassung

1. Die Zweiteilung des Zivilprozesses

Wie im germanisch-deutschen Rechtskreis leitete auch im ältesten römischen Recht der Hoheitsträger (König, Herzog – Prätor) die Gerichtsverhandlung; das Urteil wurde aber hier wie dort von einem ihn umgebenden Gremium von Urteilsrichtern (Schöffen, Geschworene) gefällt. Bei wachsender Zahl von Prozessen ergab sich gewiß die Notwendigkeit, den Gerichtsherrn zu entlasten; er konnte nicht mehr in allen Prozessen den Vorsitz von der Klageerhebung über die Beweisaufnahme bis zum Urteil und zu seiner Vollstreckung führen. Im germanisch-deutschen Recht ist eine Delegation der Gerichtshoheit an Grafen, Gografen, Vögte, Städte und adelige Grundherren die Folge. In Rom dagegen bleibt die Gerichtshoheit in der Hand des Prätors. Dieser beschränkte sich aber zumeist darauf, das Verfahren einzuleiten und in bestimmte Bahnen zu lenken. Die Urteilsfällung und die dazu erforderlichen Beweisaufnahmen und Schätzungen gab er an Geschworenenrichter ab, die dann selbständig, ohne prätorischen Vorsitz tätig wurden.

Der römische Zivilprozeß gliedert sich dadurch in zwei Verfahrensabschnitte. Im ersten Verfahrensabschnitt (*‚in iure‘*, wobei *ius* die Gerichtsstätte auf dem *comitium* im Nordosten des Forums bezeichnet) prüft der Prätor die *Prozeßvoraussetzungen* (zum Beispiel ob Kläger und Beklagter gewaltfreie Personen sind) und die *Schlüssigkeit* des Parteivorbringens, das heißt er prüft, ob es eine Klage gibt, die, sofern man die Tatsachenbehauptungen des Klägers als richtig unterstellt, zu einem Urteil mit dem vom Kläger begehrten Inhalt führen kann. Erst im zweiten Verfahrensabschnitt (*‚in iudicio‘* oder *‚apud iudicem‘*) wird von dem (einen) Geschworenen oder den (mehreren) Urteilsrichtern ermittelt, ob die Tatsachenbehauptungen des Klägers der Wahrheit entsprechen.

Die Aufteilung des Verfahrens in eine Prüfung der Prozeßvoraussetzungen und der ‚Schlüssigkeit‘ einerseits und der ‚Begründetheit‘ der Klage andererseits entspricht einer logischen, auch heute noch vom Richter einzuhaltenden Gedankenfolge.

Eine solche Gerichtsverfassung, die den Prätor als alleinigen Gerichtsherrn beibehält, ist der Gefahr einer Rechtszersplitterung weniger ausgesetzt als das oben erwähnte deutschrechtliche System. Daß um das

Jahr 242 v. Chr. neben den Stadtprätor ein *praetor peregrinus* trat, hat die
Einheitlichkeit der Rechtsfortbildung nicht gefährdet, sondern zur Überwindung des altrömischen Formalismus beigetragen.

2. Der Gerichtsmagistrat

Die Funktionen des *Prätors* im Zivilprozeß werden durch drei formelhafte Worte *(tria verba solennia)* gekennzeichnet: *do, dico, addico.*
Mit dem Wort ‚*do*‘ (ich gebe) ist das Einsetzen des Urteilsgerichts
(iudicem dare) gemeint. Das Wort ‚*dico*‘ (ich sage) bezieht sich auf die
prozeßleitenden Anordnungen des Prätors, und unter ‚*addico*‘ (ich spre-
che zu) ist der unmittelbar die Rechtslage gestaltende Spruch des Prätors
zu verstehen, wie das Zusprechen der Streitsache an eine Partei bei Säum-
nis des Gegners (vgl. oben § 8 I 2).

Der Prätor setzt seine Amtsgewalt *(imperium)*, die neben der Jurisdik-
tionsgewalt auch die Koerzitionsbefugnis umfaßt, dazu ein, dem *ius civile*
zu besserer Wirksamkeit zu verhelfen und es gelegentlich zu korrigieren.
So zwingt er beispielswiese in bestimmten Fällen eine Prozeßpartei, sich
gegenüber der anderen zu einem bestimmten Verhalten zu verpflichten,
und zwar in der Form der Stipulation (hierzu vgl. oben § 8 I 3) mit
Sicherheitsleistung (Bürgen- oder Pfandbestellung). Ein Beispiel für solche ‚*Kautionen*‘ ist die *cautio usufructuaria.* Mit ihr übernimmt derjenige,
dem der Nießbrauch an einer Sache testamentarisch vermacht ist, die
Garantie, daß er mit der Sache ordentlich verfährt und sie rechtzeitig an
den Erben zurückerstattet. Ohne diese *cautio* ließ der Prätor eine Klage
des Nießbrauchers gegen den Erben auf Überlassung des Nießbrauchsge-
genstandes nicht zu.

Die *imperium*-Gewalt befähigt den Prätor auch zu Geboten und Verboten *(interdicta)*. Mit solchen ‚Verwaltungsakten‘ geht er zum Beispiel
gegen Personen vor, die gewaltsam die Besitzverhältnisse an Sachen verändert haben oder zu verändern suchen. Mit den Besitzschutzinterdikten
stellt er ohne Rücksicht auf die Eigentumsverhältnisse zunächst den
Rechtsfrieden wieder her. Die Klärung der Frage, wer zum Besitz *berech-
tigt* ist, hat dann im Klagewege zu erfolgen.

Die Rechtsbildung durch den Prätor trat neben das *ius civile*, das auf
der *interpretatio* der Zwölftafeln und der Gesetzgebung beruhte. Dieses –
das *ius civile* teils ergänzende, teils aus Billigkeitsgründen abändernde –
Amtsrecht, das *ius honorarium* (von *honor* = Ehrenamt) genannt wurde,
nahm mit der Zeit immer größeren Raum ein. Es überlagerte als eigene
Rechtsschicht das *ius civile*. Das Nebeneinander von *ius civile* und *ius*

honorarium wird oft mit dem Verhältnis des ‚common law‘ und des ‚law of equity‘ im englischen Recht verglichen. Die Grundsätze nach denen der Prätor verfährt, legt er zu Beginn seines Amtsjahres in einem *Edikt* fest. Nicht jeder Prätor schuf sein Edikt von Grund auf neu. Es bürgerte sich ein, das Edikt der Vorgänger zu übernehmen (*‚edictum tralaticium‘*) und es durch eigene Vorstellung zu ergänzen. Eine solche historisch gewachsene Sammlung des Amtsrechtes ist naturgemäß wenig systematisch. Der Wortlaut des Edikts ist nicht vollständig erhalten. Aus den Kommentaren, die in der Klassik zum Edikt verfaßt wurden und bruchstückhaft in die Digesten Justinians (vgl. unten § 23 II) übernommen worden sind, läßt sich aber sein Aufbau und zum Teil auch sein Inhalt erschließen. Die beste Rekonstruktion des prätorischen Edikts stammt von *Otto Lenel* (Das Edictum perpetuum, 1. Aufl. 1883; 3. Aufl. 1927; Nachdruck der 3. Aufl. Aalen 1956).

Ein Beispiel für die Festlegungen im Edikt bietet der in D 2. 14.7.7 überlieferte Passus aus dem Ediktskommentar des Ulpian (vgl. unten § 16 III und IV 2.) – allerdings in der sprachlichen Fassung der Prinzipatszeit –:

AIT PRAETOR:	Der Prätor sagt:
PACTA CONVENTA, QUAE NEQUE DOLO MALO, NE-QUE ADVERSUS LEGES PLE-BIS SCITA SENATUS CON-SULTA (DECRETA EDICTA PRINCIPUM) NEQUE QUO FRAUS CUI EORUM FIAT, FACTA ERUNT, SERVABO.	Friedliche Einigungen, die weder arglistig herbeigeführt worden sind, noch gegen Gesetze, Plebiszite, Senatsbeschlüsse (und Erlasse und Verordnungen der Kaiser) verstoßen oder sie zu umgehen versuchen, werde ich anerkennen.

Mit den Worten *pacta servabo* ist zunächst wohl nur auf die friedliche Einigung, von der in Zwölftafeln 1.6 und 8.2 (vgl. oben § 8 I 2 und IV 2) die Rede ist, Bezug genommen: Der Prätor läßt keine Klage mehr zu, wenn eine solche Einigung zuvor erzielt worden ist. Im zweigeteilten Verfahren weist der Prätor die Prüfung, ob eine außergerichtliche Einigung der Parteien stattgefunden hat, dem *iudex* zu (sogenannte *exceptio pacti conventi*). Das *pactum* entwickelt sich so im rechtsgeschäftlichen Verkehr zum Stundungs- oder Erlaßvertrag (*pactum de non petendo*). Die Worte „*pacta servabo*" haben nicht den Sinn, daß aus jeder Vereinbarung positive Leistungspflichten entstünden, die mit einer Erfüllungsklage geltend gemacht werden könnten. Ein solcher Rechtssatz (*‚pacta sunt ser-*

vanda') hat sich erst im Mittelalter unter dem Einfluß des kanonischen Rechts entwickelt.

Auch die kurulischen *Ädilen* (vgl. oben § 6 I) haben ein Edikt für ihre Marktgerichtsbarkeit erlassen. Aus diesem Edikt stammen zum Beispiel die Rechtsbehelfe der Sachmängelhaftung: *actio redhibitoria* (= Wandelung) und *actio quanti minoris* (= Minderung). Die Ädilen erledigten die gewiß nicht seltenen Streitfälle des Sklaven- und Viehhandels in einem polizeilich-summarischen Verfahren. Um die Frage, ob den Verkäufer hinsichtlich des Sachmangels ein Verschulden trifft, konnten sie sich nicht kümmern. Die genannten ‚ädilizischen' Rechtsbehelfe knüpfen daher an das objektive Vorhandensein des Fehlers an, wie das heute noch bei Wandelung und Minderung der Fall ist (vgl. §§ 459, 462 BGB). Daraus erklären sich auch die verhältnismäßig kurzen Fristen für die Geltendmachung von Sachmängeln (vgl. § 477 BGB).

3. Das Urteilsgericht

Das Urteilsgericht *(iudicium)* besteht entweder aus einem Geschworenenkollegium oder einem Geschworenen als Einzelrichter. In Sachen von besonderem Gewicht (wie bei Streit um die Erbfolge) waren die *centumviri* (‚Hundertmänner') zuständig, die sich in einzelne Ausschüsse teilten und unter dem Vorsitz niederer Magistrate *(decemviri litibus iudicandis)* tagten. Sonst werden ein *iudex* oder ein *arbiter* (bisweilen auch drei *arbitri*) vom Prätor zur Urteilsfällung eingesetzt. Anfänglich hatte nur der *arbiter*, nicht der *iudex*, die Befugnis zu Schätzungen und Teilungen. Später wurden auch *iudices* mit Schätzungsaufgaben betraut. Der Begriff *iudex* umfaßte dann auch den *arbiter*. An die ursprüngliche Funktion des *arbiter* erinnert die Verwendung des Wortes *arbitrium* für das ‚Ermessen'. In bestimmten Sachen mit Auslandsbeziehung (Kriegsschäden) urteilte eine Richterbank von „*recuperatores*". Die Rekuperatoren wurden im zweiten Jahrhundert v. Chr. auch mit den Repetundenverfahren (Anklagen gegen Beamte wegen Ausbeutung von Provinzen) betraut.

Im Regelfall entschied in Zivilprozessen ein *iudex* als Einzelrichter. Ihn konnten die Parteien aus einer Richterliste auswählen oder auslosen. Der so ermittelte Richter wurde vom Prätor eingesetzt und mit der Urteilsfällung beauftragt. Er leistete einen Eid, den Gesetzen und der Wahrheit gemäß zu verfahren.

Bis in die Zeit der Gracchen konnten nur Senatoren Richter sein; die Richterliste war identisch mit der Senatsliste. Das Urteil des *iudex* heißt ebenso wie die Meinungsäußerung eines Senators im Senat „*sententia*".

Ein Richtergesetz *(lex iudiciaria)* des C. Gracchus von 122 v. Chr. übertrug die Richterfunktionen von den Senatoren auf die Ritter *(equites)*. Das Gesetz galt primär den Repetundenverfahren; wie weit der Zivilprozeß davon berührt wurde, ist ungewiß. Wenig später werden die Senatoren neben den Rittern wieder als Richter zugelassen. Sulla beschränkt die Fähigkeit zum Richteramt erneut auf die Senatoren. Als gegen Ende der Republik diese Beschränkung endgültig fällt, verzeichnet die Richterliste aber auch dann immer nur Personen aus den oberen Gesellschaftsschichten. Da auch die Prätoren diesen Schichten entstammen, wird die römische Rechtspflege ganz und gar von *Honoratioren* getragen, das heißt von Leuten, die öffentliches Ansehen genießen und durch ihr Vermögen in den Stand gesetzt sind, öffentliche Aufgaben ohne Entgelt zu übernehmen.

Über das Verfahren, das der *iudex* einzuschlagen hatte, wissen wir wenig. Wenn *Rechts*fragen auftraten, zum Beispiel wie der vom Prätor gegebene (formelhafte) Auftrag zu verstehen war oder was im einzelnen in eine gebotene Schätzung einzubeziehen war, wurden Rechtsauskünfte *(responsa)* bei den *pontifices,* später auch von ,weltlichen' Juristen eingeholt (vgl. dazu unten § 11 I). Hinsichtlich der *Tat*fragen kam es für die Parteien darauf an, den *iudex* (und das ihn beratende *consilium)* von der Richtigkeit des eigenen und der Unwahrheit des gegnerischen Vorbringens zu überzeugen. Feste Regeln über die Beweislast, die zulässigen Beweismittel und die Beweiswürdigung gab es nicht. Das ist ein fast modern anmutender Zug des römischen Zivilprozesses. Die Freiheit des Beweisverfahrens ließ andererseits auch Raum für die rhetorischen Künste von Advokaten, die keine Juristen zu sein brauchten, weil es in jenem Stadium des Verfahrens darum ging, den oder die Geschworenen von der Wahrheit der vorgetragenen Tatsachenbehauptungen zu überzeugen. Ciceros Gerichtsreden sind dafür beredte Beispiele.

Übrigens konnte ein *iudex,* der einen Prozeß nicht zu entscheiden vermochte, den Auftrag an den Prätor mit dem Bemerken „*non liquet*" zurückgeben.

4. Die Parteien

Der Prozeß ist in Rom ursprünglich ein Rechtsstreit zwischen zwei Familien, die durch das Familienoberhaupt *(pater familias)* vor Gericht repräsentiert werden. Prozeßpartei *(reus)* kann daher grundsätzlich nur ein gewaltfreier Bürger (kein Sklave, kein Haussohn) sein.

Der Kläger *(actor = is qui agit = is qui petit)* führt im prätorischen

Edikt und auch in Juristenschriften den Blankettnamen *Aulus Agerius* (abgekürzt: *A. A.*), wobei *Aulus* von *augere* (vergrößern) und *Agerius* von *agere* (klagen) abgeleitet sein dürfte. Der Beklagte *(is cum quo agitur, is qui convenitur, is a quo petitur)* wird mit dem Blankettnamen *Numerius Negidius* (abgekürzt: *N. N.*) bezeichnet, wobei *Numerius* auf *numerare* (zahlen) und *Negidius* auf *negare* (verneinen, sich weigern) zurückzuführen ist.

II. Die Legisaktionen – persönliche und dingliche Klagen
In Rom war die Verbindung von Prozeßrecht und materiellem Privatrecht sehr viel enger als heutzutage. Wo die Rechtsordnung keine Klagemöglichkeit *(actio)* vorsah, gab es auch kein subjektives Recht. Dieses ,Aktionensystem' kannte private Rechte nur insoweit, als sie im Prozeß durchsetzbar waren.

Die ältesten Klageformen des römischen Rechts heißen *legisactiones*. Es sind Rechtshandlungen, deren Voraussetzungen, Förmlichkeiten und Wirkungen in Gesetzen geregelt sind. Typisch für die Legisaktionen sind *Spruchformeln*, die von den Parteien aufgesagt werden mußten. Das Verfahren war nur römischen Bürgern zugänglich. Die Spruchformeln mußten genau in der vorgeschriebenen Weise aufgesagt werden. Wer sich nur im geringsten irrte, verlor den Prozeß. Ähnliches ist vom germanischdeutschen Recht auf einer vergleichbaren Stufe überliefert: *Qui cadit a syllaba, cadit a causa.*

Aufzeichnungen der Musterformeln waren im Besitz der *pontifices*. Die Prozeßparteien mußten Auskunft über die Formeln also von den *pontifices* erbitten. Diese Machtstellung der *pontifices* ist nach der römischen Überlieferung im Jahre 304 v. Chr. durch einen gewissen Gnaeus Flavius gebrochen worden, der die Prozeßformeln zusammen mit dem Kalender der Gerichtstage in Buchform veröffentlicht haben soll *(„ius Flavianum")*.

Es gab fünf Typen von Legisaktionen:
– *legis actio sacramento*
– *legis actio per iudicis arbitrive postulationem*
– *legis actio per condictionem*
– *legis actio per manus iniectionem*
– *legis actio per pignoris capionem*.
Die beiden letztgenannten Rechtshandlungen dienen der Zwangsvollstreckung. Die *manus iniectio* ist bereits oben (§ 8 I 4) behandelt worden.

Die *pignoris capio* (= Pfandnahme im Wege einer formalisierten Selbsthilfe) steht dem Gläubiger gegenüber dem Schuldner nur bei wenigen privilegierten Forderungen (zum Beispiel beim Kaufpreisanspruch für ein Opfertier) offen. Die drei erstgenannten Legisaktionen sind dagegen Klageformen der Zivilgerichtsbarkeit, die der Rechtsfeststellung dienen. Die *legis actio sacramento* und die *legis actio per iudicis arbitrive postulationem* beruhen auf dem Zwölftafelgesetz, die *legis actio per condictionem* dagegen ist durch Gesetze aus dem 3. oder 2. Jahrhundert v. Chr. *(lex Silia* und *lex Calpurnia)* eingeführt worden. Auf diese drei Klagearten ist im folgenden näher einzugehen.

1. Die legis actio sacramento

1.1 Das „*sacramentum*". Die *legis actio sacramento* (oder *per sacramentum)* trägt ihren Namen von dem „*sacramentum*", das ursprünglich vielleicht eine eidliche Selbstverfluchung der Prozeßpartei für den Fall gewesen war, daß sich ihre Rechtsbehauptung als unrichtig erweisen sollte. In geschichtlicher Zeit ist das *sacramentum* aber nur noch eine Geldsumme, die von beiden Parteien zu Beginn des Prozesses in den Tempelschatz zu leisten ist. Die von der unterliegenden Partei eingesetzte Summe verfällt dem Staatsschatz *(aerarium).* Nach den Zwölftafeln sind bei einem Wert des Streitgegenstandes von 1000 As und mehr als *sacramentum* 500 As, bei geringerem Streitwert 50 As einzusetzen. Von den Legisaktionen, die auf eine Rechtsfeststellung durch Urteil abzielen, ist die *legis actio sacramento* die älteste Klageform und zugleich diejenige mit dem weitesten Anwendungsbereich.

1.2 Das Entstehen des dinglichen Rechtsschutzes. In der praktischen Anwendung der *legisactio sacramento* hat sich die Sonderung von *actiones in personam* und *actiones in rem* vollzogen, die zur Grundlage der Unterscheidung von persönlichen und dinglichen Ansprüchen, von relativen und absoluten Rechten, von Schuldrecht und Sachenrecht geworden ist. Um diese Entwicklung zu erklären, darf man unterstellen, daß auch in Rom am Anfang der prozessualen Rechtsverfolgung das deliktische Denken steht: Mit der Klage wird gegen den Gegner der Vorwurf einer unerlaubten Handlung erhoben. Das gilt zunächst auch für die Fälle, in denen mit der Klage die Herausgabe eines Gegenstandes begehrt wird. Dem Beklagten wird der Vorwurf des Diebstahls (der den der Unterschlagung und Hehlerei einschließt) gemacht. Von diesem Vorwurf kann sich der Beklagte durch den Zug auf den Gewähren befreien. Zugleich mit der Einschränkung des Gewährenzuges, wovon der *usus-auctoritas*-Satz der Zwölftafeln zeugt (vgl. oben § 8 III 2), tritt aber bei der Sachverfolgung im Klagewege der Deliktsvorwurf gegen den Besitzer der Sache in den Hintergrund. Das rechtliche Schicksal der Sache selbst gewinnt an Interesse.

So entwickeln die Römer eine besondere Art der *legis actio per sacramentum*, die sich dadurch auszeichnet, daß der Kläger nur noch behauptet, die streitbefangene Sache gehöre ihm, daß dem Beklagten also nicht mehr der Vorwurf einer unerlaubten Handlung gemacht wird. Diese rein sachverfolgende Klage *(actio in rem* oder *vindicatio)* setzt voraus, daß der Streitgegenstand selbst an Gerichtsstätte *(in iure)* vorhanden ist. Bei nicht transportablen Sachen galt der Grundsatz *pars pro toto*. Ein Stadtgrundstück wird durch einen Ziegel, ein ländliches Grundstück durch eine Erdscholle repräsentiert. Jeder der Streitteile behauptete nun in genau festgelegten Spruchformeln, die Sache gehöre ihm. Der Prätor konnte die Sache für die Dauer des Prozesses einem der Streitteile zuweisen. Im Urteil wurde durch den *iudex* festgestellt, welcher Partei die Sache gehört. Ein Zugriffsrecht auf die Person des Unterlegenen hatte die *actio in rem* offenbar nicht zur Folge.

1.3 Die *actio in rem per sponsionem*. Die *actio in rem* wurde in der Praxis folgendermaßen umgestaltet: Vor dem eigentlichen Beginn des Prozesses verpflichtete sich der Beklagte in einer *sponsio*, an den Kläger eine bestimmte Geldsumme zu zahlen, falls im Prozeß festgestellt werde, daß die Streitsache dem Kläger gehöre. Der Wortlaut der *sponsio* ist überliefert bei Gaius, Inst. 4. 93:

SI HOMO, QUO DE AGITUR, EX IURE QUIRITIUM MEUS EST, SESTERTIOS XXV NUMMOS DARE SPONDES?	Wenn der Sklave, um den geklagt wird, nach Quiritischem Recht mir gehört, versprichst du dann, 25 Sesterzen zu zahlen?

Aus einer solchen Sponsion wurde mit einer *actio in personam* geklagt; es mußte in diesem Prozeß dann incidenter die dingliche Rechtslage geklärt werden. Über den Grund, weshalb die *actio in rem* mit Hilfe einer solchen „*sponsio praeiudicialis*" in eine *actio in personam* sozusagen ‚hineingeschachtelt' wurde, lassen sich nur Vermutungen anstellen. Möglicherweise ging es dem Kläger um die Begründung einer persönlichen Haftung des Beklagten für den Fall des Untergangs oder der Verschlechterung der Sache während der Prozeßdauer. Dafür spricht die weitere

Entwicklung der Klage. Die *actio in rem per sponsionem* ist nämlich noch nicht die endgültige Form der römischen Eigentumsklage. Auf ihre Fortbildung im Formularverfahren ist noch einzugehen (unten § 9 III c).

1.4 Die *in iure cessio*. Die *legis actio in rem* bildet auch den Ausgangspunkt für die Entwicklung des Rechtsinstituts der *in iure cessio*. Bei der *in iure cessio* wird eine dingliche Klage zum Schein erhoben, um einen Rechtsübergang zu bewirken. In dieser Funktion ist uns die *in iure cessio* schon beim Adoptionsritual (oben § 8 II 2) begegnet. Als Übereignungsgeschäft tritt die *in iure cessio* in der praktischen Anwendung neben die *mancipatio*. Über ihre Förmlichkeiten berichtet Gaius, Inst. 2. 24 wie folgt:

In iure cessio autem hoc modo fit: apud magistratum populi Romani velut praetorem, is, cui res in iure ceditur, rem tenens ita dicit:

Die *in iure cessio* vollzieht sich in folgender Weise: Bei einem Magistrat des römischen Volkes, wie zum Beispiel beim Prätor, erscheint derjenige, dem die Sache abgetreten wird, und sagt, indem er die Sache (in der Hand) hält:

HUNC EGO HOMINEM EX IURE QUIRITIUM MEUM ESSE AIO;

„Ich behaupte, daß dieser Sklave nach Quiritischem Recht mir gehört."

deinde postquam hic vindicaverit, praetor interrogat eum, qui cedit, an contra vindicet; quo negante aut tacente tunc ei, qui vindicaverit, eam rem addicit; idque legis actio vocatur....

Nachdem dieser seine Rechtsbehauptung aufgestellt hat, fragt der Prätor den, der die Sache abtritt, ob er die gegenteilige Rechtsbehauptung aufstelle. Wenn dieser verneint oder schweigt, dann spricht er die Sache dem zu, der die Rechtsbehauptung aufgestellt hat. Und das wird *legis actio* genannt...

Offenbar handelt es sich um ein nachgebildetes Versäumnisverfahren in Anwendung des Zwölftafelsatzes 1. 8. („*Post meridiem praesenti litem addicito*"; vgl. oben § 8 I 2).

2. Die legis actio per iudicis arbitrive postulationem
Bei dieser ebenfalls auf den Zwölftafeln beruhenden Klage unterbleibt die Sakramentseinsetzung. Die Klage ist aber nur bei bestimmtenAnsprü-

chen gegeben, zum Beispiel für Ansprüche aus der *sponsio-stipulatio* (vgl.
oben § 8 I 3) und für den Anspruch auf Teilung einer Erbengemeinschaft
(actio familiae erciscundae).

3. Die legis actio per condictionem

Hier handelt es sich um eine jüngere Klageform. Sie zeichnet sich dadurch aus, daß der Kläger in der ersten Verhandlung vor dem Prätor den
Beklagten auf einen neuen Termin in 30 Tagen zur Richtereinsetzung lädt
(condicere = ansagen, laden). Die *condictio* ist eingeführt worden durch
eine *lex Silia* für festbestimmte Geldsummen *(certa pecunia)* und durch
eine *lex Calpurnia* für festbestimmte Sachen *(certa res)*. Der Klage konnten ein Darlehen *(mutuum)*, eine Stipulation oder ein Anspruch aus einer
‚Litteralobligation' zugrundeliegen. Unter Litteralobligation ist eine Zah-
lungspflicht zu verstehen, die durch den Eintrag eines Ausgabepostens
und des Namens des Zahlungsempfängers im Hausbuch *(codex accepti et
expensi)* des Gläubigers zustandekam. Über Einzelheiten dieses Ge-
schäftstyps (z. B. darüber, ob eine Gegenzeichnung oder eine Gegenbu-
chung auf Schuldnerseite notwendig war) sind wir schlecht unterrichtet.

III. Das Formularverfahren

a) Die Legisaktionen waren von vornherein nicht die alleinigen Möglichkeiten, um die vom Prätor geübte staatliche Rechtspflege in Anspruch zu
nehmen. Für Rechtsstreitigkeiten mit Ausländern (Peregrinen), von denen die Zwölftafeln bereits Zeugnis ablegen (vgl. oben § 8 I 3), muß ein
freier gestaltetes Verfahren zur Verfügung gestanden haben. Es wäre un-
verständlich, wenn der Prätor dieses freiere Verfahren in besonderen Fällen nicht auch für Streitigkeiten unter römischen Bürgern zugelassen
hätte. So tritt in der mittleren Republik neben die Legisaktionen eine
Verfahrensart, bei der die Parteien den Rechtsstreit dem Prätor in unge-
bundener Rede vortragen und der Prätor dann das Prozeßprogramm in
einer schriftlichen Anweisung an den Geschworenenrichter, der „for-
mula", festlegt.

Gaius führt in seinen Institutionen (4, 30) die Einführung des Schrift-
formelverfahrens und die Abschaffung der Legisaktionen auf eine *lex
Aebutia* und zwei *leges Iuliae* zurück. Die *lex Aebutia*, die vermutlich in
das 2. Jahrhundert v. Chr. zu datieren ist, hat aber das Formularverfahren
nicht geschaffen, sondern die schon vorher vom Prätor kraft seiner Juris-
diktionsgewalt gestaltete Verfahrensweise auch für Streitfälle zugelassen,
die zuvor dem Legisaktionenverfahren vorbehalten waren. Der Formu-

larprozeß trat damit in der praktischen Anwendung *neben* das Legisaktionenverfahren. Wegen seiner freieren Gestaltung wurde der Formularprozeß von den Parteien mehr und mehr bevorzugt. Die Legisaktionen wurden daher von Augustus durch die von Gaius genannten *leges Iuliae* im Jahre 17 v. Chr. bis auf wenige Ausnahmen (zum Beispiel die von den *centumviri* zu entscheidenden Prozesse; vgl. oben § 9 I 3) aufgehoben. Damit errang das Formelverfahren aber nicht die Alleinherrschaft; ungefähr zur gleichen Zeit trat das außerordentliche Verfahren vor dem Kaiser (oder seinen Beamten) an seine Seite (vgl. unten §§ 14 I und 17). Dennoch ist es gerade das Formularverfahren gewesen, das dem klassischen römischen Recht das Gepräge gegeben und seine Entfaltung ermöglicht hat.

Das Formularverfahren lehnt sich in vielem an die Legisaktionen an. So wird zum Beispiel aus der *legis actio per condictionem* die *condictio* des Formularverfahrens mit dem gleichen Anwendungsbereich. Die *condictio* scheint dem Gläubiger recht schnell zu einem vollstreckbaren Urteil verholfen zu haben. Anders wäre es nicht zu erklären, daß in der späten Republik die Gläubiger bestrebt sind, Forderungen aus anderen Schuldgründen (zum Beispiel einem formfreien Kaufvertrag) in solche ‚umzugießen‘, aus denen sie mit der *condictio* klagen können (sogenannte Novation). Vielleicht waren bei dieser Klage die Beweisanforderungen für den Kläger günstig, was darin begründet sein könnte, daß die Klageformel den Schuldgrund nicht nennt. Wenn sich aus der *condictio* der Bereicherungsanspruch des geltenden Rechts (vgl. § 812 BGB) entwickelt hat, so beruht das darauf, daß die Prätoren auch dann die Klageformel der *condictio* gaben, wenn eine Zahlung irrtümlich ohne rechtlichen Grund erfolgt war. Diese und ähnliche Tatbestände wurden dem mit der *condictio* klagbaren Darlehen *(mutuum)* gleichbehandelt.

Darüber hinaus wird manches Verfahrenselement aus dem Legisaktionsprozeß in das Formularverfahren übernommen. Dazu gehört die *litis contestatio* (‚Streitbezeugung‘), an die sich ungefähr die Rechtswirkungen knüpfen, die heute aus der Rechtshängigkeit folgen. Bei den Legisaktionen wurden zu dem Aufsagen der Spruchformeln Zeugen aufgerufen. Die hierfür geprägte Bezeichnung „*litis contestatio*" wurde (mit den entsprechenden Rechtsfolgen) auf die Erteilung der Schriftformel durch den Prätor, mit der das Verfahren *in iure* abschließt, übertragen.

b) Auch beim Formularverfahren hielten die Römer am Aktionensystem fest. Nur wenn das Gesetz oder das prätorische Edikt für den vorgetragenen Sachverhalt eine Klagemöglichkeit vorsieht, setzt der Prätor mit der

Klageformel ein Urteilsgericht ein. Im prätorischen Edikt finden sich Rechtsschutzverheißungen, durch die die gesetzlichen Klagemöglichkeiten erweitert und ergänzt werden, zum Beispiel für die Geschäftsführung ohne Auftrag.

D 3.5.3 pr.:

(Ulpianus libro decimo ad edictum)	(Ulpian im zehnten Buch seines Kommentars zum – prätorischen – Edikt)
ait praetor:	Der Prätor sagt:
SI QUIS NEGOTIA AL-TERIUS, SIVE QUIS NEGO-TIA, QUAE CUIUSQUE CUM IS MORITUR, FUERINT, GES-SERIT: IUDICIUM EO NOMI-NE DABO.	Wenn jemand die Geschäfte eines anderen, oder Geschäfte, die solche eines anderen waren, als jener starb, geführt hat, so werde ich darüber ein Urteilsgericht einsetzen.

Als weiteres Beispiel sei die *actio de dolo* (Klage wegen arglistiger Schädigung; vgl. § 826 BGB) genannt. Sie ist auf Anregung des Juristen C. Aquilius Gallus, eines Freundes Ciceros, in das Edikt aufgenommen worden.

D 4.3.1.1:

(Ulpianus libro undecimo ad edictum)	(Ulpian im elften Buch seines Kommentars zum – prätorischen – Edikt)
Verba autem edicti talia sunt:	Die Worte des Edikts lauten:
QUAE DOLO MALO FACTA ESSE DICENTUR, SI DE HIS REBUS ALIA ACTIO NON ERIT ET IUSTA CAUSA ESSE VIDEBITUR, IUDICIUM DABO.	Wenn vorgetragen wird, etwas sei durch Arglist geschehen, so werde ich, falls dafür keine andere Klage gegeben ist und es sich um eine gerechte Sache handelt, ein Urteilsgericht einsetzen.

c) An solche Rechtsschutzverheißungen schloß sich im prätorischen Edikt jeweils das Muster der Klageformel an. Auch für die im *ius civile* begründeten Klagen enthielt das Edikt Musterformeln.

Die Formel beginnt mit der Einsetzung des *iudex*. Es folgt die Anweisung an den *iudex*, bei Vorliegen der im einzelnen bezeichneten Voraussetzungen den Beklagten zur Zahlung einer Geldsumme an den Kläger zu verurteilen, andernfalls ihn freizusprechen. Das Urteil konnte immer nur auf eine Geldsumme, nicht auf eine andersgeartete Leistung lauten (Prinzip der Geldkondemnation). Als Beispiel möge die Formel der *rei vindicatio* (Eigentumsherausgabeklage; vgl. § 985 BGB) dienen, die als *actio in rem* (vgl. oben § 9 II 1.2 und 1.3) im *ius civile* begründet, vom Prätor aber in bestimmter Weise ausgestaltet ist:

TITIUS IUDEX ESTO.	Titius soll *iudex* sein.
SI PARET REM, QUA DE AGI-TUR, EX IURE QUIRITIUM A^i A^i ESSE,	Wenn es sich erweist, daß die Sache, um die geklagt wird, nach Quiritischem Recht dem Kläger *(Aulus Agerius)* gehört,
NEQUE EA RES ARBITRIO IUDICIS A° A° RESTITUETUR,	und diese Sache nicht nach dem Ermessen des *iudex* dem Kläger herausgegeben wird,
QUANTI EA RES ERIT, TAN-TAM PECUNIAM IUDEX N^m N^m A° A° CONDEMNA, SI NON PARET, ABSOLVE.	dann sollst du, *iudex*, den Beklagten *(Numerius Negidius)* zugunsten des Klägers zu soviel Geld verurteilen, wieviel die Sache wert ist; wenn sich das nicht erweist, sollst du ihn freisprechen.

Die Klageformeln setzen sich aus einzelnen typischen Bestandteilen zusammen. Der mit den Worten „*Si paret* ...“ eingeleitete Teil der Klageformel enthält das Klagebegehren und wird deshalb *intentio* genannt. Bei anderen Klageformeln geht der *intentio* eine Sachdarstellung *(demonstratio)* voraus, z. B. bei der Klage aus dem Verwahrungsvertrag: *QUOD A^s A^s APUD N^m N^m MENSAM ARGENTEAM DEPOSUIT* ... (‚Was das anbetrifft, daß der Kläger beim Beklagten einen Silbertisch in Verwahrung gegeben hat ...‘).

In der *intentio* der *rei vindicatio* erscheint nur der Name des Klägers, nicht der des Beklagten. Das ist charakteristisch für die *actiones in rem* (vgl. oben § 9 II 1.2).

Die Formel der *rei vindicatio* enthält einen weiteren Bestandteil, den man als *Restitutionsklausel* bezeichnet. Da das Urteil nur auf eine Geldsumme lauten kann, andererseits der Kläger aber primär an der Herausgabe der Sache selbst interessiert ist, hat der *iudex* den Beklagten zunächst zur Herausgabe der Sache aufzufordern. Dabei kann der *iudex* kraft seines Ermessens dem Beklagten auch die Befriedigung von Nebenansprüchen des Klägers (zum Beispiel auf Schadenersatz wegen Verschlechterung der Sache oder auf Herausgabe von Nutzungen) auferlegen. Erst wenn der Beklagte dem Restitutionsbefehl nicht nachkommt, ergeht das auf Geldzahlung lautende Urteil. Die Höhe der Urteilssumme bestimmt sich nach dem Wert der Sache (unter Einschluß der erwähnten Nebenansprüche). Diesen Wert zu beziffern, war dem Kläger überlassen. Da er ihn trotz eines darüber zu leistenden Eides nicht zu niedrig angesetzt haben wird, war es für den Beklagten ratsam, die Sache aufgrund des Restitutionsbefehls herauszugeben und es nicht zur Geldkondemnation kommen zu lassen.

Bei anderen Klagen geht die Geldkondemnation auf *,id quod interest'*; hier liegen die Wurzeln für die moderne Verwendung des Wortes ‚Interesse' für den zu ersetzenden Schaden. Einen weiten Ermessensspielraum hat der *iudex* bei den Klagen, die eine Leistungspflicht *,ex fide bona'* zum Gegenstand haben (dazu sogleich unter IV), und bei solchen Klageformeln, die den *iudex* zur Festsetzung einer Geldbuße nach *,bonum et aequum'* ermächtigen.

d) Für die ebenso vorsichtige wie wirkungsvolle Art der Rechtsfortbildung durch den Prätor mit Hilfe der von ihm zu erteilenden Prozeßformeln zeugt die *actio Publiciana*. Um die Funktion dieser nach ihrem Schöpfer, einem Prätor Publicius (wohl im 1. Jhdt. v. Chr.), genannten Klage zu verstehen, muß man sich vergegenwärtigen, wie das Herrschaftsrecht an *res mancipi* übertragen werden konnte. Der Käufer einer *res mancipi* wurde deren Eigentümer, wenn sie ihm durch *mancipatio* übertragen wurde. Bei einem formlosen Kaufgeschäft mit formloser Übergabe der Kaufsache erlangte der Käufer nicht sofort, sondern erst durch Ersitzung (*usucapio;* vgl. oben § 8 III 2) das Eigentum. Nach Ablauf der Usukapionsfrist kann er als Eigentümer mit der *rei vindicatio* gegen jeden vorgehen, der ihm die Sache vorenthält. Vor Ablauf der Usukapionsfrist ist seine Lage aber prekär, denn er ist noch nicht Eigentümer. Um sein Recht an der Sache gegenüber Dritten geltend zu machen, ist er darauf angewiesen, daß der Verkäufer die Eigentumsklage gegen den Dritten erhebt und ihm auf diese Weise die Sache wieder verschafft. Daß diese Rechtslage in einer Verkehrswirtschaft unbefriedigend ist, liegt auf der Hand. Die *actio Publiciana* schafft hier Abhilfe. Ihre Formel lautet:

SI QUEM HOMINEM A^s A^s	Falls der Kläger diesen Sklaven,
BONA FIDE EMIT ET IS EI	den er nach Treu und Glauben ge-
TRADITUS EST, ANNO POS-	kauft hat und der ihm übergeben

SEDISSET, TUM SI EUM HO-
MINEM, DE QUO AGITUR,
EIUS EX IURE QUIRITIUM
ESSE OPORTERET, SI IS HO-
MO A° A° NON RESTITUE-
TUR...
(es folgt die Kondemnationsklausel
der *rei vindicatio*)

worden ist, ein Jahr besessen hätte
und falls dann dieser Sklave, um
den geklagt wird, nach Quiritischem Recht sein Eigentum sein
müßte, wenn dieser Sklave dem
Kläger nicht herausgegeben wird
...

Bei dieser Klage wird der Eigentumsübergang auf den Ersitzungsbesit-zer fingiert. Die Fiktion eines Tatbestandselementes ist ein beliebtes Mit-tel der prätorischen Rechtsbildung.

Die *actio Publiciana* bewirkt, daß der Ersitzungsbesitzer schon vor Ablauf der Usukapionsfrist gegenüber Dritten wie ein Eigentümer ge-schützt ist, wenn auch das „*nudum ius Quiritium*" so lange noch beim Verkäufer liegt. Das Recht des durch die *actio Publiciana* geschützten Ersitzungsbesitzers an der Sache wird in den Quellen mit den Worten „*in bonis habere*" oder „*in bonis esse*" umschrieben. Von der Funktion her wird es von modernen Autoren auch als ,bonitarisches' Eigentum (im Gegensatz zum ,zivilen' Eigentum) bezeichnet.

Im geltenden Recht fehlt es an einer vergleichbaren Konstellation. Dennoch führt die *actio Publiciana* in § 1007 BGB noch ein Schatten-dasein.

e) Wenn der Beklagte sich nicht auf das Bestreiten der klägerischen Be-hauptungen beschränkte, sondern Gegenrechte geltend machte, wies der Prätor den *iudex* in bestimmten Fällen an, auch über das Bestehen des Gegenrechtes zu entscheiden und gegebenenfalls die Klage abzuweisen. Das rechtstechnische Mittel dafür war die Aufnahme einer Ausnahme-klausel *(exceptio)* in die Klageformel.

Ein Beispiel dafür bietet die *exceptio pacti conventi*, deren Verheißung im Edikt bereits oben (§ 9 I 2) behandelt worden ist. Sie lautet bei einem Erlaß- oder Verzichtsvertrag:

SI INTER A^m A^m ET N^m N^m
NON CONVENIT, NE EA PE-
CUNIA PETERETUR...

... wenn zwischen Kläger und Be-klagten nicht vereinbart worden ist, daß das Geld nicht eingeklagt werden soll, ...

Bei einem Stundungsvertrag wird im letzten Teil der *exceptio* die Stun-dungsfrist genannt:

NE EA PECUNIA INTRA	... daß das Geld innerhalb von
QUINQUENNIUM PETERE-	fünf Jahren nicht eingeklagt wer-
TUR	den soll, ...

Aus den Exzeptionen sind die ‚Einreden' des geltenden Rechts entstanden. Von besonderer Bedeutung war die *exceptio doli*, die wie folgt lautete:

SI IN EA RE NIHIL DOLO	... wenn in dieser Angelegenheit
MALO A^i A^i FACTUM SIT	nichts durch Arglist des Klägers
NEQUE FIAT	geschehen ist und auch nicht ge-
	schieht ...

Wahrscheinlich haben in der älteren Form der *exceptio doli* die Worte „*neque fiat*" noch gefehlt. Die Einrede bezog sich folglich nur auf die Arglist bei Vertragsabschluß. Durch Hinzufügen der Worte „*neque fiat*" wurde sie ausgedehnt auf die Fälle, in denen der Kläger erst mit der Klageerhebung arglistig handelt, zum Beispiel weil er etwas einklagt, was er aus anderen Gründen sofort wieder zurückgeben müßte (vgl. Paulus – *libro sexto ad Plautium* – D 44. 4. 8 pr. = D 50. 17. 173. 3: *Dolo facit, qui petit, quod redditurus est*). Diese erweiterte Form wurde später *exceptio doli generalis* (‚allgemeine Arglisteinrede') genannt.

IV. Die *iudicia bonae fidei*

Unter den Klagen des Formularverfahrens nehmen diejenigen eine Sonderstellung ein, in deren Formel der *iudex* angewiesen wird, die Geldkondemnation nach dem zu bemessen, was der Beklagte dem Kläger nach Treu und Glauben (*ex fide bona*) schuldet. Mit diesen Klagen wurde eine Anzahl wichtiger formfreier Geschäfte des täglichen Lebens (wie Kauf, Miete, Pacht usw.) unter Rechtsschutz gestellt. Der Prätor ergänzte mit der Zulassung solcher Klagen das Gesetz; die Klageformeln gelten aber als ‚*in ius*' konzipiert.

Viele sehen in der Tätigkeit des *praetor peregrinus* die eigentliche Wurzel dieser Neuschöpfung. Sicherlich gründeten die Geschäfte, die ein römischer Bürger mit Peregrinen abschloß, allein auf der „*fides*", dem moralischen Gebot des Worthaltens, auf das die Römer stets größten Wert legten. Aber die „*fides*" war selbstverständlich unter römischen Bürgern nicht minder wirksam. Den vielen Fragen, die sich mit der Entstehung der *bonae fidei iudicia* verbinden, stehen viele Erklärungs- und Deutungsversuche gegenüber. Hier sei ein Gesichtspunkt hervorgehoben, der sonst wenig berücksichtigt wird: Es hat den Anschein, als sollten durch die Klauseln „*ex fide bona*" diejenigen Stipulationen als abgeschlossen *fingiert* werden, die der römische Bürger bei bestimmten Geschäften normalerweise einging, zu deren Abschluß er von Prätoren und Ädilen zum Teil sogar gezwungen wurde. Der *iudex* sollte also auf die Rechtswirkungen solcher Stipulationen erkennen, ohne daß er prüfen mußte, ob die Stipulationen wirklich zustandegekommen waren.

Anlaß zu dieser Vermutung gibt schon der Umstand, daß zur Gruppe der *bonae fidei iudicia* seit alters zwei Klagen gestellt werden, in deren Formeln die Worte „*ex fide bona*" gar nicht enthalten waren. Das sind die *actio fiduciae*, die Klage aus der Sicherungsübereignung, deren Formel die Worte *ut inter bonos bene agier oportet* („wie unter Guten gut gehandelt werden muß') enthielt, und die *actio rei uxoriae*, die Klage der Frau auf Herausgabe der Mitgift nach Auflösung der Ehe, deren Formel auf „*quod eius melius aequius erit*" (vermutlich: ‚was der Frau zu gehören, besser und gerechter erscheint') gerichtet war. In beiden Fällen waren es zuvor vertragliche Abreden, die die Rechtsfolgen regelten, nämlich bei der *fiducia* die Sicherungsabrede, bei der Mitgiftherausgabe die *cautiones rei uxoriae*. Ein weiterer Hinweis auf diese Funktion der Worte „*ex fide bona*" ergibt sich daraus, daß die auf die *bona fides* gegründete *actio empti* (Klage des Käufers aus einem formfreien Kaufvertrag) die Rechtsfolgen der *stipulatio duplae* (s. oben § 8 III 2) in sich aufnahm. Mit der *actio empti* konnte der Käufer im Falle der Eviktion vom Verkäufer das Doppelte des Kaufpreises verlangen, auch wenn eine *stipulatio duplae* unterblieben war. Vgl. Paulus *(libro quinto ad Sabinum)* D 21. 2. 2: ‚*Si dupla non promitteretur et eo nomine agetur, dupli condemnandus est reus*' = ‚Wenn das Doppelte (für den Eviktionsfall) nicht (in Stipulationsform) versprochen worden ist und deswegen geklagt wird, ist der Beklagte auf das Doppelte zu verurteilen'.

Die ‚fremdenrechtliche Theorie', die den Ursprung der *bonae fidei iudicia* in der Tätigkeit des *praetor peregrinus* sucht, stützt sich vor allem auf einen Passus aus der *lex Rubria*, einem Gesetz für das nördliche Italien *(Gallia cisalpina)*, das inschriftlich erhalten ist. Nach diesem Gesetz wird bei einer bestimmten Klage, die auf die *bona fides* gegründet ist, eine Stipulation fingiert, die der Fremdenprätor in seinem Edikt proponiert hatte. Mehr Gewicht als die Bezugnahme auf das Edikt des Fremdenprätors, die außerhalb der Stadt Rom ohnehin naheliegt, hat aber der Umstand, daß hier eine Stipulation fingiert wird und daß dieser rechtstechnische Kunstgriff mit der *bona fides* in Verbindung gebracht wird.

Aus den hier in Betracht kommenden Stipulationen konnte, falls sie tatsächlich abgeschlossen worden waren, mit der *actio ex stipulatu* geklagt werden. Die Formel dieser Klage lautete:

QUOD A^s A^s DE N^o N^o INCERTUM STIPULATUS EST ... *QUIDQUID OB EAM REM N^m N^m A^o A^o DARE FACERE OPORTET, EIUS IUDEX N^m N^m A^o A^o CONDEMNA* ...	Was das anbetrifft, daß der Kläger sich vom Beklagten eine unbestimmte Leistung in einer Stipulation ausbedungen hat, ... was deswegen der Beklagte dem Kläger geben oder tun muß, darauf sollst du *iudex* den Beklagten zugunsten des Klägers verurteilen.

Bei den *bonae fidei iudicia* wird zu Beginn der Formel nicht der Abschluß einer Stipulation erwähnt, sondern es wird der betreffende Tatbestand geschildert, zum Beispiel der Kauf eines Sklaven. Es folgt wie bei der *actio ex stipulatu* der Formelbestandteil „*quidquid ob eam rem N^m N^m A^o A^o dare facere oportet*", dem nur die Worte „*ex fide bona*" angehängt werden. Cicero, *de off.* 3. 61 spricht treffend von „*iudiciis, in quibus additur EX FIDE BONA*" (ähnlich auch *de off.* 3, 70). So lautet zum Beispiel die Formel der Klage des Käufers aus einem formfreien Kaufvertrag *(actio empti)* wie folgt:

QUOD A^s A^s DE N^o N^o HOMINEM, QUO DE AGITUR, EMIT, QUIDQUID OB EAM REM N^m N^m A^o A^o DARE FACERE OPORTET EX FIDE BONA, EIUS IUDEX N^m N^m A^o A^o CONDEMNA ...	Was das anbetrifft, daß der Kläger vom Beklagten den Sklaven, um den geklagt wird, gekauft hat – was deswegen der Beklagte dem Kläger nach Treu und Glauben leisten muß, darauf sollst du *iudex* den Beklagten zugunsten des Klägers verurteilen ...

Die Anlehnung dieser Klageformel an die *actio ex stipulatu* ist offensichtlich. Der *iudex* hat aber nicht nachzuprüfen, ob eine Stipulation abgeschlossen worden ist, sondern ob ein Kaufvertrag vorliegt. Gelangt er zu dieser Überzeugung, dann hat er den Beklagten auf das zu verurteilen, was die für ein Kaufgeschäft typischen Stipulationen beinhalten.

Die auf die *bona fides* abgestellten Klageformeln boten die Möglichkeit, typische Geschäfte des täglichen Lebens unter Rechtsschutz zu stellen, auch wenn sie nicht in den vom *ius civile* geforderten Formen der *mancipatio* und der *sponsio* abgeschlossen, sondern ‚*nudo consensu*‘ zustandegekommen waren.

In republikanischer Zeit gehörten zu den *bonae fidei iudicia* die Klagen aus folgenden Rechtsverhältnissen:

tutela	Vormundschaft
societas	Gesellschaft (im Sinne einer vertraglichen ‚Verbrüderung' zur Erreichung bestimmter Zwecke)
fiducia	Treuhandgeschäft (Sicherungsübereignung)
mandatum	Auftrag (unentgeltliche Besorgung fremder Geschäfte)
emptio venditio	Kaufvertrag
locatio conductio	Miete, Pacht, Dienst- und Werkvertrag (*locare* = hinstellen; *conducere* = mit sich führen)
res uxoria	Mitgift, die an die Frau (bei Auflösung der Ehe durch Ehescheidung oder Tod des Ehemannes) herauszugeben war.

Die Klausel *ex fide bona* räumte dem *iudex* einen Ermessensspielraum ein. Er benötigte zum Beispiel keine *exceptio doli* in der Klageformel, um bei arglistigem Verhalten des Klägers die Klage abzuweisen. Der *iudex* konnte bei den *bonae fidei iudicia* auch Gegenrechte des Beklagten in weitem Umfang von Amts wegen berücksichtigen.

§ 10 Die Entwicklung der öffentlichen Strafgerichtsbarkeit

I. Frühe Republik

Über die *öffentliche* Strafrechtspflege in der frühen Republik sind wir schlecht unterrichtet. Ein Satz der Zwölftafeln (9.1) enthielt die Bestimmung „*de capite civis nisi per maximum comitiatum ne ferunto*". Damit ist wahrscheinlich gemeint: Die Magistrate dürfen über das Leben eines Bürgers ausschließlich durch die höchste Volksversammlung (Zenturiatkomitien) befinden. Dieser Satz dürfte die Grundlage gebildet haben (a) für den Komitialprozeß und (b) für die „*provocatio ad populum*".

a) Bei Hochverrat und anderen politischen Vergehen entschieden die Komitien auf Anklage eines Magistrats oder eines Tribunen über Leben und Tod des Angeklagten (sogenannter magistratisch-komitialer Prozeß).

b) Verhängte ein Magistrat kraft seiner Koerzitionsgewalt eine Todesstrafe gegen einen unbotmäßigen Bürger, so stand diesem die *provocatio ad populum* offen, das heißt er konnte praktisch ein Komitialverfahren erzwingen. Dieses Provokationsrecht ist durch verschiedene Provokationsgesetze, deren Datierung unsicher ist, vermutlich nicht erst geschaffen, sondern ausgestaltet und gegenüber der ordentlichen Strafgerichtsbarkeit abgegrenzt worden.

II. Mittlere Republik

Im 3. Jahrhundert v. Chr. wurden *tres viri capitales* als niedere Magistrate zur Verfolgung von Gewalttätern, Giftmördern und Brandstiftern eingesetzt. Sie übten eine strenge Polizeigerichtsbarkeit aus. Geständige und überführte Sklaven und Ausländer wurden hingerichtet. Bezeichnend ist der Horror, den in den Komödien des Plautus die Sklaven vor den *tres viri* zur Schau tragen. Wieweit auch römische Bürger der unteren Schichten der Gerichtsbarkeit der *tres viri* unterstanden, ist fraglich.

Im 2. Jahrhundert v. Chr. wurden daneben durch Gesetze und Senatsbeschlüsse von Fall zu Fall einzelne Geschworenengerichtshöfe zur Verfolgung und Aburteilung von Amtsvergehen, Massenverbrechen und gemeinschädlichen Umtrieben eingesetzt. Diese „Quästionen" waren mit einem Magistrat (Konsul, Prätor) als Vorsitzendem und einer Anzahl von Senatoren als Geschworenenrichter besetzt. Gegen Entscheidungen der Schwurgerichte fand offenbar keine „*provocatio ad populum*" statt.

III. Die Quästionengerichte

Nachdem für die Repetundenverfahren um die Mitte des 2. Jahrhunderts v. Chr. ein ständiges Quästionengericht eingesetzt worden war, übernahmen immer mehr solcher ständigen Gerichtshöfe *(quaestiones perpetuae)* die öffentliche Strafrechtspflege. Unter Sulla wird um 80 v. Chr. die Zahl der Quästionengerichte vermehrt und die Gerichtsorganisation neu geregelt.

Im einzelnen war je ein Quästionengericht zuständig für Hochverrat *(crimen maiestatis)*, Unterschlagung von Staatseigentum *(peculatus)*, Wahlbestechung *(ambitus)*. Ferner gab es eine *quaestio repetundarum* (Ausbeutung von Provinzen, vgl. oben § 9 I 3), eine *quaestio de sicariis et veneficis* (Mord und Giftmord), eine *quaestio de falsis* (Testaments- und Münzfälschungen) und eine *quaestio de iniuriis* (schwere Beleidigung, Körperverletzung). Unter Augustus kommen eine *quaestio de vi* (Gewaltverbrechen schlechthin) und eine *quaestio de adulteriis* (Ehebruch u. ä.) hinzu.

Das öffentliche Strafverfahren vor den Quästionengerichten wurde nicht durch einen öffentlichen Ankläger eingeleitet, sondern durch einen Bürger *(quivis ex populo)*, der aus freien Stücken die Anklage übernahm. Ihm winkten für den Fall, daß der Angeklagte verurteilt wurde, hohe Belohnungen (sogenannte Delatorenprämien). Die Belohnung bestand dann, wenn der Angeklagte zum Tode verurteilt wurde, in einem Teil des beschlagnahmten Vermögens des Delinquenten. Die Todesstrafe wurde gegen Angehörige der römischen Oberschicht nicht vollstreckt. Man ließ den Verurteilten ins Ausland entkommen *(exilium)*. In manchen Fällen wurden Geldstrafen verhängt, die entweder gesetzlich fixiert oder durch das Geschworenenkollegium festzusetzen waren. Eine öffentliche Strafe durch Freiheitsentzug gab es nicht.

Die Rechte des Angeklagten im Strafprozeß waren dadurch gewährleistet, daß er gegenüber den durch das Los auszuwählenden Geschworenen ein weitgehendes Ablehnungsrecht hatte und er Verteidiger beiziehen durfte. Dem Ankläger stand er mit gleichen prozessualen Befugnissen gegenüber. Das Verfahren ähnelte insoweit dem Zivilprozeß.

§ 11 Die frühe römische Rechtswissenschaft

I. Von den *pontifices* zu den *iuris consulti*

Die römische Rechtswissenschaft nimmt ihren Ausgang von der Tätigkeit der *pontifices*. Dieses Priesterkollegium hatte bestimmte sakrale Funktionen, die aber zum Teil schon in das Weltliche hinüberreichten, wie die Festsetzung des Kalenders und damit der Gerichtstage. Da die *pontifices* in der Frühzeit das Staatsarchiv verwalteten, waren sie im Besitz der Gesetzesurkunden, der Urkunden über andere öffentliche Vorgänge und auch der bei den Legisaktionen verwendeten Spruchformeln. Damit waren sie zugleich diejenige Stelle, die in Zweifelsfällen Auskunft über die Rechtslage geben konnte. Wenn dem Pontifikalkollegium und seinem Vorsitzenden, dem *pontifex maximus*, auch sakrale Handlungen und die Pflege des Sakralrechts oblagen, so darf man sich die *pontifices* doch nicht als weltabgeschiedene Kultdiener, als ‚Geistliche‘ oder als ‚Seelsorger‘ vorstellen. Es handelt sich um Angehörige der römischen Oberschicht, die teils erst nach Abschluß der Ämterlaufbahn in das Pontifikalkollegium aufgenommen wurden, teils zugleich magistratische Ämter bekleideten.

Ein Beispiel für ein sakralrechtliches Gutachten der *pontifices* mit Auswirkungen in den öffentlichen und zivilrechtlichen Bereich ist das *respon-*

sum, das die Konsuln auf Betreiben Ciceros über dessen Haus, das sein politischer Gegner Clodius während der Verbannung Ciceros in einen Tempel einbezogen hatte, einholten.

Cicero, *ad Att.* 4, 2, 3:

SI NEQUE POPULI IUSSU NEQUE PLEBISCITU IS, QUI SE DEDICASSE DICERET, NOMINATIM EI REI PRAE-FECTUS ESSET NEQUE PO-PULI IUSSU AUT PLEBISCI-TU ID FACERE IUSSUS ES-SET, VIDERI POSSE SINE RE-LIGIONE EAM PARTEM AREAE (mihi) RESTITUI.

Wenn derjenige, der von sich sagt, er habe die Weihung vorgenommen, weder durch einen Volksbeschluß noch durch ein Plebiszit ausdrücklich damit betraut worden ist, und er weder durch Volksbeschluß noch durch Plebiszit, dies zu tun, beauftragt worden ist, so erscheint es als richtig, daß der betreffende Teil des Grundstücks ohne religiöse Bedenken (an Cicero) zurückerstattet werden kann.

An diesem *responsum* läßt sich ablesen, mit welcher Vorsicht solche Gutachten erstellt wurden.

– Für die Richtigkeit des Sachverhaltes – der nach dem Vorbild der Gesetzessprache (vgl. oben § 8 I 1) in Konditionalsätzen wiedergegeben ist – wird keine Gewähr übernommen. Die Beantwortung der Rechtsfrage steht unter dem Vorbehalt, daß die unterbreiteten Tatsachen wahr sind.

– Die Überzeugung von der Richtigkeit der geäußerten Rechtsansicht wird mit „*videri*" zum Ausdruck gebracht. Auf eine Begründung wird freilich verzichtet. (Der Grund liegt hier aber zutage: Dem Magistrat fehlte die erforderliche „Vollmacht".)

– Der Rechtsfall selbst wird nicht entschieden. Das Gutachten besagt nur, daß man so entscheiden *könne*. Wie aus Ciceros Bericht hervorgeht, wollten die *pontifices* die Verantwortung für die Entscheidung dem Senat nicht abnehmen.

Die gleichen Wesenszüge weisen auch die privatrechtlichen Gutachten auf. Um die Mitte des 3. Jahrhunderts v. Chr. soll der *pontifex Tiberius Coruncanius* – übrigens der erste *pontifex* plebejischer Herkunft – damit begonnen haben, Rechtsgutachten in Zivilsachen öffentlich zu erstatten. Der geschilderte Charakter der Rechtsgutachten ändert sich nicht, als in der späteren Republik auch nicht dem Pontifikalkollegium angehörende ,*iuris consulti*' eine Respondiertätigkeit aufnehmen. Die *iuris consulti* entstammen derselben Gesellschaftsschicht wie die *pontifices* und bedienen sich der gleichen juristischen Methode.

Als Muster für die Responsen der ‚weltlichen' Juristen jener Zeit möge ein Gutachten dienen, das der Jurist C. Trebatius Testa im 1. Jahrhundert v. Chr. erstattet hat. Es betrifft einen Ehestreit zwischen Maecenas, dem berühmten Gönner von Künstlern und Literaten, und seiner Frau Terentia. Die Eheleute waren auseinandergegangen. Dann hatte Maecenas der Terentia einiges gegeben, damit sie zu ihm zurückkehre. Die Terentia scheint die Schenkung angenommen zu haben, ohne jedoch zu Maecenas zurückzukehren. So entwickelte sich ein Streit zwischen ihnen über die Wirksamkeit der Schenkung. Schenkungen unter Ehegatten waren nämlich zivilrechtlich unwirksam; aber nach dem Ende einer Ehe durch Ehescheidung stand einer Schenkung zwischen den früheren Ehegatten nichts mehr im Wege. Der um ein Gutachten gebetene Trebatius zieht sich geschickt aus der Affäre:

(D 24. 1. 64 – *Iavolenus libro sexto ex posterioribus Labeonis* –):

Trebatius inter Terentiam et Maecenatem respondit, si verum divortium fuisset, ratam esse donationem, si simulatum, contra.	Trebatius erstattete zwischen Terentia und Maecenas folgendes Gutachten: Wenn es eine wirkliche Ehescheidung war, dann ist die Schenkung wirksam, wenn aber nur eine vorgetäuschte, dann nicht.

Das *responsum* des Trebatius ist von Labeo, einem Juristen der nächsten Generation, aufgezeichnet worden. Der Klassiker Javolenus hat die hinterlassenen Schriften Labeos herausgegeben. Von da ist der Bericht in die Digesten des Corpus Iuris Justinians gelangt. Aus ihm läßt sich der Sachverhalt in Umrissen erschließen.

Obgleich Trebatius sicherlich über die wahre Sachlage Bescheid wußte, ist sein Gutachten ‚doppelzüngig'. Die Entscheidung des Falles bleibt dem *iudex* überlassen. Ob eine wirkliche Ehescheidung vorlag, war eben eine Frage der Sachverhaltsfeststellung, die dem *iudex* oblag.

Wie die Rechtspflege ist auch die Rechtswissenschaft eine Angelegenheit von *Honoratioren*. Das Responsum gründet in der Autorität dessen, der es erstattet hat. Allenfalls wird auf andere ‚Autoritäten' (namentlich früherer Generationen) verwiesen. Dieser auf eine rationale Argumentation verzichtende Juristenstil wird schon in der späten Republik karikiert. So schreibt Cicero an den in Gallien sich aufhaltenden *Trebatius* (*Ad fam.* 7, 10, 2):

valde metuo, ne frigeas in hibernis.
quam ob rem camino luculento
utendum censeo, idem Mucio et
Manilio placebat.

Ich fürchte sehr, daß du im Winterquartier frierst. Daher bin ich der Ansicht, du solltest einen großen Ofen heizen; *dasselbe meinten Mucius und Manilius.*

Die Juristen hielten eine ausführliche Begründung oft nicht für mitteilenswert, weil sie ihnen evident erschien. Die Berufung auf ältere Autoritäten bedeutet daher wohl auch, daß man sich deren Erwägungen zu eigen machen wollte. Reiz und didaktischer Wert einer ‚Digestenexegese‘ bestehen vor allem darin, die *unausgesprochenen* Entscheidungsgründe der römischen Juristen herauszuarbeiten.

Auch bei Zweifelsfragen im Rechtsverkehr leisteten *pontifices* und *iuris consulti* Beistand. Insbesondere entwickelten sie Formulare für Geschäftsabschlüsse. Aus dieser *Kautelarjurisprudenz* stammen zum Beispiel die Formulare der Adoption und der Emanzipation (vgl. oben § 8 II 2). In der gleichen Weise wurden Testamentsformulare entwickelt. Für die Geschäfte des täglichen Lebens gab es Formularbücher. Ein Anklang daran ist in der Schrift des älteren Cato *(Cato Censorius)* über den Ackerbau *(‚De agricultura‘)* zu finden, wo dem Bauern Ratschläge für die Formulierung von Kaufverträgen gegeben werden. Von dem Konsul des Jahres 149 v. Chr., *Manilius,* ist bekannt, daß er eine Sammlung von Kaufvertragsformularen *(venalium vendendorum leges)* veröffentlicht hat.

II. Anfänge der Rechtsliteratur

Die Jurisprudenz wurde in jener Zeit nicht schulmäßig gelehrt. Wer sich in Rom Rechtskenntnisse erwerben wollte, nahm als Zuhörer an Gerichtsverhandlungen und an der öffentlichen Respondiertätigkeit teil. Im übrigen gab die Ämterlaufbahn den Angehörigen der Oberschicht Gelegenheit, sich in der praktischen Rechtsanwendung und Rechtsfortbildung zu bewähren. So ist denn auch die römische Rechtswissenschaft nicht an der Lehre, sondern an der Rechtspraxis orientiert. Gleichwohl fehlt es schon in der Republik nicht an Versuchen, den Rechtsstoff literarisch darzustellen.

Der Jurist *Sextus Aelius Paetus Catus* (Konsul 198 v. Chr.) soll neben einer Sammlung von Klageformeln *(‚Ius Aelianum‘)* einen dreigeteilten Kommentar zu den Zwölftafeln *(‚Tripertita‘)* verfaßt haben. Im 1. Jahrhundert v. Chr. stellte der *pontifex maximus Quintus Mucius Scaevola* das Zivilrecht in 18 Büchern dar. Darin gliedert er den Rechtsstoff „*generatim*", das heißt nach *genera* und *species*, also nach Kategorien, die aus der griechischen Philosophie stammen. Aus dieser Schrift sind einzelne Passagen überliefert, zum Beispiel eine Aufzählung der *bonae fidei iudicia*, die Cicero in *De officiis 3.* 70 wiedergegeben hat. Wenig später polemisierte der Jurist *Servius Sulpicius Rufus* (Konsul 51 v. Chr.; gest. 43 v. Chr.) gegen die Darstellung des Zivilrechts durch Q. Mucius Scaevola in einer Schrift ‚*Reprehensa Scaevolae capita*'. Aus den erhaltenen Fragmenten dieser und anderer Schriften des Servius Sulpicius geht aber hervor, daß auch er sich in der Darstellungsweise der aus der griechischen Philosophie übernommenen dialektischen Methode bediente. Von ihm stammt auch eine Anzahl von Definitionen, die den Einfluß griechischen Denkens erkennen lassen, zum Beispiel die Definition der Vormundschaft *(tutela)* als „*vis ac potestas in capite libero ad tuendum*" („Macht und Gewalt über einen freien Bürger, um ihn zu schützen"). Servius Sulpicius hat ferner einen kurzen Kommentar zum prätorischen Edikt verfaßt. Die zahlreichen von ihm hinterlassenen Responsen sind von seinen Schülern, namentlich von *P. Alfenus Varus* veröffentlicht worden.

Die klassischen Juristen berufen sich später oft auf ihre republikanischen Vorgänger, die sie die ‚*veteres*' (die ‚Alten') nennen.

III. Römisches Rechtsdenken

Der erwähnte Einfluß griechischen Denkens hat sich zwar auf die Darstellungsweise in den Juristenschriften, nicht aber auf die juristische Technik ausgewirkt. Die römischen Juristen sind der Tradition verpflichtet. Sie stellen aber gleichwohl keine rechtshistorischen oder rechtsphilosophischen Erwägungen an. Mit der Anerkennung der Tradition bleiben sie auch einem gewissen Formalismus verhaftet. Man kann nicht sagen, daß das römische Recht in der späten Republik schlechthin formalistisch gewesen sei. Die rechtliche Anerkennung formfreier Konsensualverträge (vgl. oben § 9 IV) zeugt eher vom Gegenteil. Aber die Auslegung von Gesetzen und Rechtsgeschäften haftet doch am reinen Wortverständnis. Nicht die *iuris consulti*, sondern die Advokaten, die auf die Geschworenenrichter einwirken und sich die Hilfsmittel griechischer Rhetorik zunutzemachen, drängen auf eine Überwindung des Formalismus. Symptomatisch dafür ist die berühmte *causa Curiana*, ein Prozeß aus dem 1. Jahrhundert v. Chr.

Der Streitfall ist auf folgendem rechtlichen Hintergrund zu sehen: Der Testator konnte in seinem Testament bestimmen, daß für den Fall des

Vorversterbens des eingesetzten Erben ein anderer sein Erbe sein solle (*Ersatz*erbeneinsetzung = ‚Vulgarsubstitution‘). Zwar war es grundsätzlich nicht möglich, daß der Testator einen *Nach*erben einsetzte (das heißt, er konnte nicht bestimmen, daß zunächst der eine und nach dessen Tod ein anderer Erbe sein solle), doch gab es davon eine Ausnahme: Für den Fall, daß der eingesetzte Erbe nach Eintritt des Erbfalles als Minderjähriger starb, konnte ein anderer im Testament als Erbe benannt werden, um zu vermeiden, daß der Nachlaß beim Tod des Minderjährigen an den Vormund fiel (‚Pupillarsubstitution‘). Ferner ist vorauszuschicken, daß auch ein noch nicht Geborener *(nasciturus, postumus)* Erbe sein konnte.

Im Streitfall der *causa Curiana* erwartete der Testator die Geburt eines Sohnes und setzte diesen im Testament zum Erben ein. Zugleich bestimmte er den Curius zum Pupillarsubstituten. Die betreffende Testamentsklausel lautete formularmäßig wahrscheinlich wie folgt:

Si filius ante mortuus esset, quam in suam tutelam venerit, tum mihi Curius heres esto.	Wenn der Sohn stirbt, bevor er volljährig (von fremder Vormundschaft frei) wird, dann soll Curius mein Erbe sein.

Der erwartete Sohn wurde nicht geboren. Als der Testator starb, hielten die gesetzlichen Erben das Testament für hinfällig. Curius dagegen war der Auffassung, der Erblasser habe ihn auch für diesen Fall zum Erben einsetzen wollen. Er meinte also, daß in der Nacherbeneinsetzung (Pupillarsubstitution) auch eine Ersatzerbeneinsetzung (Vulgarsubstitution) zu erblicken sei. Der Jurist *Q. Mucius* äußerte sich im Sinne der gesetzlichen Erben. Das Testament enthielt seinem *Wortlaut* nach eben nur eine gegenstandslose Pupillarsubstitution. Im Erbschaftsstreit vor den *centumviri* (vgl. oben § 9 I 3) gelang es aber dem Rhetor *Crassus,* unter Berufung auf den *Willen* des Testators die Geschworenen von der Rechtsmeinung des Curius zu überzeugen (vgl. heute: § 2102 Abs. 1 BGB). Freilich blieb diese Entscheidung vereinzelt. Die römische Jurisprudenz ließ sich so leicht nicht aus der Bahn der Tradition werfen.

§ 12 Recht, Wirtschaft und Gesellschaft in der mittleren und späten Republik

I. Die soziale Lage der verschiedenen Bevölkerungsschichten
Die Kriege, die Rom führen mußte, um seine Herrschaft über Italien zu errichten und zu bewahren, lasteten stark auf dem Bauernstand. Nach der

Eroberung Siziliens (241 v. Chr.) und mehr noch nach Errichtung der Provinz Afrika (146 v. Chr.) floß billiges Provinzgetreide in die Stadt Rom. Das schmälerte zumindest die Erwerbsgrundlage der Kleinbauern. Sie wanderten vielfach ab in die Stadt Rom und vermehrten dort das Proletariat. Das verlassene Land wurde von Senatoren aufgekauft, denen es durch ständische Schranken versagt war, sich an Handelsunternehmen zu beteiligen. Die Senatoren, die so ständig bemüht waren, ihren Landbesitz zu vergrößern, stellten den Ackerbau um auf den Anbau von edleren Produkten wie Wein, Oliven und Obst. Dieser Plantageanbau wurde durch den Einsatz von Sklaven, die sich aus Kriegsgefangenen und ihren Nachkommen rekrutierten, ermöglicht. Die bereits erwähnte Schrift des älteren Cato über den Ackerbau läßt den Übergang zu dieser Latifundienwirtschaft bereits deutlich erkennen.

Die sich neu herausbildende Klasse der Ritter *(equites)* fand ein einträgliches Betätigungsfeld in Handel und Gewerbe. Reederei, Bankgeschäfte und Steuerpacht waren offenbar besonders ertragreiche Erwerbszweige. Auch in Handel und Gewerbe wurde vieles durch den Einsatz von Sklaven erreicht. Die Masse der römischen Bürger gehörte nach wie vor zur Plebs, so daß man in jener Zeit von einer Dreiteilung der Bevölkerung in Senatoren, Ritter und Plebejer sprechen kann.

Auf die rechtliche Stellung der Sklaven ist schon mehrfach hingewiesen worden. Zivilrechtlich sind die Sklaven Rechtsobjekte und Vermögensgegenstände. Ihr Herr und Eigentümer *(dominus)* hat alle Gewalt über sie; eine Gewalt, die offenbar auch nicht so früh durch Brauch und Sitte eingeschränkt wurde wie die im Prinzip gleiche Gewalt des *pater familias* über die Hauskinder. Gegen die grundlose grausame Züchtigung von Sklaven sind jedoch die Zensoren gelegentlich eingeschritten.

Die soziale Lage der Sklaven war nicht überall und nicht zu allen Zeiten gleich. Die Sklaven in ländlichen Gebieten, die als Hirten oder Knechte im Gutsbetrieb tätig waren, und diejenigen, die in der Stadt in Arbeitshäusern *(ergastula)* kaserniert waren, führten vielfach ein menschenunwürdiges Dasein. Sklavenaufstände (wie die Aufstände von 136–132 und 104–101 v. Chr. in Sizilien) wurden blutig unterdrückt. Etwas schwerer hatten es die Römer mit dem Aufstand, der im Jahre 73 v. Chr. in Capua unter der Führung des Thrakers *Spartacus* begann und sich zu einem regelrechten Sklavenkrieg entwickelte. Aber auch hier kam es zu einer Niederlage der Aufständischen im Jahre 71 v. Chr. Die Lage der Sklaven wurde durch die Aufstände nicht entscheidend gebessert.

Anders war die soziale Stellung derjenigen Sklaven, die höhere Dienste verrichteten, zum Beispiel als Hauslehrer bei römischen Bürgern der Oberschicht fungierten. Es war üblich, den Sklaven, die im Hauswesen selbst tätig waren, ein Sondervermögen zur eigenen Verwaltung – *peculium* – zu überlassen. Manchmal betrieben die Sklaven mit einem solchen *peculium* kleine Handelsgeschäfte und Gewerbebetriebe. Da der *dominus* des Sklaven gleichwohl Rechtsträger des *peculium* blieb, entstanden einige Rechtsprobleme. Fraglich war z. B., welche Rechte ein Dritter geltend machen konnte, der mit dem *peculium* Geschäfte getätigt hatte. Den Sklaven konnte der Dritte nicht verklagen, sondern nur seinen *dominus;* dieser hatte aber gerade nicht mit ihm kontrahiert. Das Problem wurde so gelöst, daß eine Klage gegen den *dominus* gegeben wurde, daß dieser aber nur mit dem *peculium* und dem Wert dessen haftete, was aus dem betreffenden Rechtsgeschäft in sein übriges Vermögen geflossen war *(actio de peculio, actio de in rem verso).* Eine andere Frage war die, wie es um Geschäfte zwischen dem Sklaven und seinem *dominus* in bezug auf das *peculium* bestellt ist. Ein vom *dominus* dem Sklaven in das *peculium* gewährtes Darlehen begründete keine zivilrechtliche Verbindlichkeit, sondern eine ‚natürliche‘ Schuld *(naturalis obligatio),* die bei der erwähnten Haftung ‚de peculio‘ in Abzug gebracht werden konnte. Von daher hat sich der Begriff der Naturalobligation zu einem Sammelbegriff für nicht klagbare Verbindlichkeiten entwickelt.

Die soziale Lage der Sklaven, die höhere Dienste leisteten, scheint nicht schlecht gewesen zu sein. Es gibt Anhaltspunkte für die Annahme, daß verarmte römische Bürger sich als Sklaven ausgaben und im Hause von Reichen unerkannt Sklavendienste verrichteten. Das befreite sie von der Sorge um ihre Existenz, und sie entzogen sich damit dem Militärdienst. Zu Beginn des 2. Jahrhunderts v. Chr. berichtet Plautus in der Komödie ‚Curculio‘ anläßlich einer Schilderung der Verhältnisse auf dem römischen Forum, es gebe in der etruskischen Gasse Leute, die sich selbst verkaufen (Vers 482: „*in Tusco vico, ibi sunt homines qui ipsi sese vendi-tant*“). Solche Leute beriefen sich regelmäßig wieder auf ihre Freiheit und ihr römisches Bürgerrecht, wenn ihnen eine größere Schenkung oder eine Erbschaft zufiel. Dann trat die schwierige Frage auf, wen die Rechtsfolgen aus den Geschäften treffen sollten, die der vermeintliche Sklave für seinen ‚dominus‘ abgeschlossen hatte. Solche Fragen beschäftigten in nicht geringem Maße die römische Jurisprudenz. Der ‚*bona fide serviens*‘ ist eine in den Responsensammlungen und Juristenschriften immer wiederkehrende Figur. Unter einem *bona fide serviens* wird in der neueren Literatur zumeist jemand verstanden, der sich selbst gutgläubig für einen

Sklaven hält. Freilich konnte bei dem Fehlen staatlicher Geburtenregister schon einmal eine solche Personenstandsverwirrung vorkommen. Aber bei der Vielzahl der Fälle, von denen die Juristenschriften zeugen, hätte dann schon Kidnapping in Rom an der Tagesordnung sein müssen. Mir scheint, der gute Glaube mußte beim *dominus* vorhanden sein, wenn er den vermeintlichen Sklaven kaufte. Der *bona fide serviens* ist ein *serviens* „*bona fide emptus*".

Schließlich hatten die Sklaven auch die Aussicht, vom *dominus* freigelassen zu werden. Die Freilassung hatte ursprünglich die Wirkung, daß der Sklave wieder zum freien Angehörigen des Volkes wurde, dem er entstammte. In der späten Republik erlangte der Freigelassene das römische Bürgerrecht mit gewissen Einschränkungen, die erst für seine Abkömmlinge entfielen. Der Freigelassene galt als Klient des ehemaligen *dominus*, war ihm, dem Patron, also immer noch zu Gefolgschaft und Treue verpflichtet.

II. Die römische Familie

Die Nachrichten, die über die sozialen und wirtschaftlichen Verhältnisse der römischen Familien auf uns gekommen sind, betreffen wahrscheinlich nur die römische Oberschicht. An diesen Verhältnissen orientierten sich aber Rechtsnormen, Rechtspflege und Rechtswissenschaft.

a) An der römischen *Familienorganisation*, die durch die Gewalthabe des *pater familias* über die Familienmitglieder und das Familienvermögen gekennzeichnet ist, wurde nicht gerüttelt, wenn auch die Ausübung der Zuchtgewalt über Familienmitglieder durch das zensorisch überwachte Herkommen und durch Brauch und Sitte beschränkt war. Gewaltunterworfene (Haussöhne, Haustöchter, Enkel) blieben ohne eigenes Vermögen, wenn ihnen auch oft ein *peculium* eingeräumt wurde. Ein Römer konnte zu den höchsten Staatsämtern aufsteigen, er konnte Konsul und Zensor werden und blieb dennoch ohne eigenes Vermögen und privatrechtlich unselbständig, solange sein Vater lebte.

b) Die *Frau* stand in der *manus*-Ehe unter der Gewalt des Ehemannes oder dessen *pater familias*; in der immer zahlreicher werdenden *manus*-freien Ehe blieb sie unter der Gewalt ihres *pater familias*. Wurde sie als Unverheiratete von väterlicher Gewalt frei, geriet sie unter die Vormundschaft ihrer Agnaten. Diese zivilrechtliche Unselbständigkeit sagt jedoch nichts über die soziale Stellung der Frau im antiken Rom aus. Ganz im Gegensatz zu Griechenland, wo die Gewaltverhältnisse weniger scharf ausgeprägt waren, die Frau aber tatsächlich als Untergebene des Ehemannes auf den häuslichen Bereich beschränkt war, hatte die Frau in Rom eine bevorzugte soziale Stellung. Sie ist zwar von den Staatsämtern ausgeschlossen, aber sie gilt als die Gefährtin des Ehemannes und tritt als solche auch in der Öffentlichkeit auf. Namentlich die römische ‚Matrone‘ genießt Ansehen und Ehrerbietung.

c) Die römische *Ehe* kannte keinen gesetzlich vorgeschriebenen Begründungsakt. Die gegenseitigen Rechte und Pflichten der Ehegatten waren gesetzlich nicht normiert. Die Ehescheidung war jederzeit möglich, ohne daß es ein staatliches Ehescheidungsverfahren gegeben hätte. Das ist der Sinn der unten § 23 III wiedergegebenen Äußerung des römischen Kaisers Alexander Severus (223 n. Chr.), daß in Rom die Ehen von alters her frei von Zwang gewesen seien. Den Ehemann traf nur die zensorisch überwachte Pflicht, vor einer Verstoßung der Frau ein *consilium amicorum* zu befragen. Auf ein solches *consilium* bezieht sich offenbar die Anekdote, die Plutarch, Aemilius 5 berichtet: Einen Römer, der sich von seiner Frau trennen will, fragen die Freunde vorwurfsvoll, ob seine Gattin denn nicht sittsam, nicht schön, nicht fruchtbar sei. Der Römer zieht daraufhin seinen Schuh aus und erwidert: „Ist er nicht schön? Ist er nicht neu? Aber keiner von euch weiß, wo er mir den Fuß drückt.“

Vielfach wird angenommen, es seien nur die Bande der Sitte und der Moral gewesen, die in Rom die Ehen zusammengehalten hätten. Aber es gab noch einen anderen Umstand, der die Ehegatten davon abhielt, sich leichtfertig zu trennen oder durch ihr Verhalten den Bestand der Ehe zu gefährden: die *Mitgift (dos)*. Im Falle der Ehescheidung hatte der Ehemann die ihm von der Frau in die Ehe eingebrachte Mitgift, über die er während der Ehe das volle Herrschaftsrecht (Eigentum) ausübte, wieder herauszugeben. Wir wissen, daß sowohl Cicero als auch sein Schwiegersohn Dolabella in wirtschaftliche Bedrängnis gerieten, als sie sich von ihren Frauen trennten und zur Mitgiftherausgabe gezwungen waren. Demjenigen Ehegatten, dem ein Verschulden an der Ehescheidung (Ehebruch, ehewidriges Verhalten) zur Last fiel, drohten Nachteile bei der Mitgiftherausgabe; die Frau hatte in einem solchen Falle bestimmte Quoten der Mitgift dem Manne zu belassen; der Mann erlitt Zinsverluste.

Gegenüber modernen Versuchen, der Flut von Ehescheidungen durch finanzielle Belastungen zu steuern (hohe Scheidungsgebühren, hohe Unterhaltspflichten), hat das römische Dotalsystem den Vorteil, daß sich die Belastung des schuldigen Teils quotal nach der im Einzelfall bestellten Mitgift bestimmte, deren Höhe in der Regel den wirtschaftlichen und sozialen Verhältnissen der Ehegatten entsprach. Die Herrschaft aber, die übermäßig dotierte Frauen über ihre Ehemänner ausübten, war ein dankbares Thema für die Komödiendichter, und dem älteren Cato wird der Ausspruch in den Mund gelegt: Alle Völker beherrschen ihre Frauen; wir beherrschen alle Völker, aber unsere Frauen beherrschen uns (Plutarch, Apophthegmata 198).

d) Was die *Erbfolge* anbelangt, so setzte sich die Testamentserbfolge gegenüber der auf der Familiengewalt beruhenden (gesetzlichen) Erbfolge immer mehr durch. Die gesetzliche Erbfolge wird als „Nachfolge nach einem, der kein Testament errichtet hat" *(successio ab intestato)*, an den Rand gedrängt. Für die moralische Pflicht des *pater familias*, ein Testament zu errichten, ist wiederum ein Ausspruch des älteren Cato bezeichnend, wonach er nur drei Dinge in seinem Leben bereut habe, erstens einer Frau ein Geheimnis anvertraut zu haben, zweitens zu Schiff an einen auch zu Fuß erreichbaren Ort gefahren zu sein und drittens einen Tag lang ohne Testament gewesen zu sein (Plutarch, Cato 9.6).

III. Rechtsgeschäfte

Das Aufblühen von Handel und Gewerbe machte die Entwicklung von geeigneten Rechtsinstituten für eine *Verkehrswirtschaft* erforderlich. Die *mancipatio* ließ sich zwar durch die oben (§ 8 III 1) erwähnten *dicta in mancipio* manchen Verkehrsbedürfnissen anpassen. So konnte das *peculium* eines Sklaven durch ein *dictum* in das über den Sklaven selbst geschlossene Manzipationsgeschäft einbezogen werden. Aber die *mancipatio* war schon dann unbrauchbar, wenn ein Peregrine der Geschäftspartner war. Die Römer beschritten zunächst den Weg, daß sie durch Staatsverträge oder Gesetzgebungsakte benachbarten und befreundeten Städten und Volksstämmen das *commercium*, das heißt das Recht zum Abschluß von Manzipationen, verliehen. In der Regel wurde den Bürgern dieser Gemeinden und Stämme mit dem *commercium* auch das *conubium*, das heißt die Möglichkeit zu rechtmäßiger Eheschließung mit römischen Bürgern, eingeräumt. Dieser Weg war aber auch nur bis dorthin gangbar, wo man auf Handelspartner stieß, denen das Ritual der *mancipatio* absolut fremd war. Hier hilft nun eine Entwicklung weiter, auf die bei der Behandlung des Prozeßrechts schon hingewiesen worden ist. Durch die auf die *bona fides* gestellten Klagen werden auch Geschäftstypen klagbar, die durch bloße Willensübereinstimmung *(nudo consensu)* zustandekommen und damit auch Peregrinen zugänglich sind. Diese Konsensualverträge treten neben die *mancipatio*, verdrängen sie aber nicht. Formfreie und formgebundene Geschäfte bestehen nebeneinander.

§ 13 Die Endphase der Republik

I. Reformbestrebungen

Schon in der mittleren Republik waren Familien des Ritterstandes zu solchem Reichtum gelangt, daß sich ihre Angehörigen um die Ehrenämter der Magistraturen bewerben konnten, ohne um die wirtschaftliche Existenz fürchten zu müssen. Auf diese Weise sonderte sich innerhalb des Ritterstandes der Amtsadel ab, der zusammen mit den Patriziern die *Nobilität*, die staatstragende Schicht der römischen Bevölkerung, bildete. Auf Grund einer gesetzlichen Regelung im zweiten Jahrhundert v. Chr. hatte ein Ritter, der durch Bekleidung eines Amtes in den Senat gelangte, sein Staatspferd abzugeben, das heißt er schied aus dem Ritterstand aus und stieg in den Senatorenstand auf.

Innerhalb der Nobilität gab es zwei politische Strömungen. Die eine versuchte, mit Hilfe der magistratischen Ämter gemeinsam mit dem Senat den Staat zu regieren; die andere war bestrebt, ihre politischen Ziele über die Volksversammlung zu erreichen und dementsprechend die Stellen der Volkstribune (s. oben § 6 III) zu besetzen. Der Gegensatz trat erstmals hervor, als der Volkstribun *Tiberius Sempronius Gracchus* im Jahre 133 v. Chr. versuchte, durch eine Bodenreform den italischen Bauernstand wiederherzustellen. Gegen den Widerstand des Großteils der Senatoren erwirkte er ein Gesetz (die sogenannte *lex agraria),* durch das bestimmt wurde, daß niemand mehr als ein bestimmtes Maß an Eroberungsland *(ager publicus)* behalten dürfe. Der Mehrbesitz sollte Siedlungszwecken zugeführt werden. Als Tiberius Gracchus einen gegen ihn interzedierenden Volkstribun kurzerhand absetzen ließ und sich für das kommende Jahr wieder zum Volkstribun wählen lassen wollte, wurde er von den über diese Verfassungsdurchbrechungen aufgebrachten Anhängern der Senatspartei erschlagen. Die Landreform wurde zunächst auf Grund der *lex agraria* weiter betrieben, geriet aber dann ins Stocken, bis sich *Gaius Sempronius Gracchus,* der jüngere Bruder des Tiberius Gracchus, ihrer wieder annahm. Gaius Gracchus ließ als Volkstribun des Jahres 123 v. Chr. durch eine *lex frumentaria* die Getreideversorgung neu ordnen, wodurch er die unteren Schichten des Volkes für sich zu gewinnen suchte. Mit der schon erwähnten *lex iudiciaria* (oben § 9 I 3) wollte er durch Übertragung der Richterämter auf die Ritterschaft die Macht des Senatsadels schmälern und den Ritterstand für sich einnehmen. Als im Jahre 121 v. Chr. gegen ihn und seine Anhänger zum ersten Mal in der römischen Geschichte ein SC ultimum (vgl. oben § 6 II a. E.) beschlossen worden war, ließ sich Gaius Gracchus von seinem Sklaven töten, um nicht lebend in die Hand seiner Gegner zu fallen.

II. Das Ende der Republik

Der Gegensatz der politischen Strömungen blieb über den Tod der Gracchen hinaus bestehen und sollte zu den Wirren führen, die das Ende der Republik heraufbeschworen. Die Angehörigen der ‚Senatspartei‘ wurden *Optimaten*, die der ‚Volkspartei‘ *Popularen* genannt. Unter den Popularen darf man sich jedoch keine demokratische Volkspartei vorstellen. Es handelte sich um eine Gruppierung innerhalb der Nobilität, die ihre politischen Ziele nur auf anderem Wege als die Partei der Optimaten zu erreichen trachtete.

Die Folgezeit bringt einen mehrfachen Machtwechsel zwischen diesen Gruppierungen. Als die von den Optimaten gebildete römische Staatsführung mit dem Jugurthinischen Krieg nicht zu Rande kommt, wird im Jahre 107 v. Chr. der aus einem Rittergeschlecht stammende Popularenführer *Marius* zum Konsul gewählt. Marius beendet nach einer Heeresreform den Krieg siegreich und verteidigte Rom gegen die einfallenden Kimbern und Teutonen (Schlachten von Aquae Sextiae, 102 v. Chr., und Vercellae, 101 v. Chr.). Er bekleidete mehrfach hintereinander das Amt des Konsuls, was an sich wegen Verstoßes gegen das Hergebrachte verfassungswidrig war. Überhaupt waren in den folgenden Jahrzehnten Verfassungsdurchbrechungen an der Tagesordnung.

Mit *L. Cornelius Sulla* kam 82 v. Chr. wieder die Optimatenpartei an die Macht. Sulla ließ sich zum Diktator ernennen und versuchte, die Macht des Senats durch verschiedene Maßnahmen zu stärken und den Staat im ganzen zu reformieren. Auf die Neuordnung der Strafgerichtsbarkeit unter Sulla ist bereits hingewiesen worden (vgl. oben § 10 III).

Auseinandersetzungen im Innern, die oft genug mit militärischen Mitteln ausgetragen wurden und innerhalb deren die von Cicero niedergeschlagene Verschwörung des *Catilina* nur eine Episode darstellt, und die Verfolgung politischer Gegner kennzeichnen die Lage der römischen Republik am Vorabend des Prinzipats. Die Zeit schien reif zu sein für die Umgestaltung des römischen Staates in eine Monarchie. Dem Popularenführer *C. Iulius Caesar* war dies offenbar bewußt, als er sich nach militärischen Erfolgen, die er als Feldherr errungen hatte, und nach Ausschalten seiner politischen Widersacher im Jahre 46 v. Chr. zum Diktator auf zehn Jahre ernennen ließ. Er vereinigte eine Reihe republikanischer Ämter in seiner Person, wie die des Konsuls und des Zensors. Schließlich

legte er sich im Februar 44 v. Chr. den Titel eines *dictator perpetuus* (=
Diktator auf Lebenszeit) zu. Den politischen Gegnern Caesars war klar,
daß die Errichtung einer absoluten Monarchie nur noch eine Frage der
Zeit war. An den Iden des März im Jahre 44 v. Chr. wurde Caesar ermordet. Er war zu zielstrebig vorgegangen.

Dritter Teil

Das Zeitalter des klassischen römischen Rechts

§ 14 Der Prinzipat

I. Augustus als Schöpfer des Prinzipats

Die *Staatsform* des Prinzipats ist nach dem Wort *princeps* benannt, einem Titel, mit dem der Schöpfer dieser Staatsform, *Augustus,* seine eigene Stellung im Staatswesen umschrieb. Der Name Augustus (,der Erhabene') war ursprünglich ebenfalls ein Ehrenname, der seinem Träger im Jahre 27 v. Chr. vom Senat verliehen worden war.

Augustus war ein Großneffe Caesars und hieß mit seinem bürgerlichen Namen *Gaius Octavius.* Caesar hatte ihn in seinem Testament adoptiert und zum Haupterben eingesetzt. Auf Grund der Adoption nannte er sich *Gaius Iulius Caesar.* Seine Gegner, die betonen wollten, daß er seine Stellung nur der Adoption zu verdanken habe, nannten ihn *Octavianus.* Es war für ihn nicht leicht, neben dem zivilen Erbe auch die politische Nachfolge Caesars anzutreten. Zwar wurde er im Jahre 43 v. Chr. in den Senat aufgenommen, ohne die Ämterlaufbahn durchschritten zu haben, und er wurde, als die beiden Konsuln dieses Jahres im Felde gefallen waren, für den Rest der Amtszeit (zusammen mit einem Verwandten) zum Konsul gewählt. Die Macht über den Staat mußte er aber zunächst mit Lepidus, dem früheren Reiteroberst Caesars, und mit einem anderen Gefolgsmann Caesars, Marcus Antonius, in einem Triumvirat teilen. Dem Triumvirat wurde durch Gesetz eine außerordentliche Höchstgewalt auf fünf Jahre übertragen; danach wurde die Übertragung nochmals um fünf Jahre verlängert. Während dieser zweiten Periode des Triumvirats zwang Octavian den Lepidus zum Rücktritt, und, als Marc Anton sich mit der ägyptischen Königin Kleopatra einließ, fiel es Octavian nicht schwer, ihn in Rom aller Ämter und Würden für verlustig erklären zu lassen. Im Jahre 31 v. Chr. bezwang er ihn in der Schlacht bei Actium.

Octavian benutzte die errungene Alleinherrschaft nicht, um die Republik sogleich abzuschaffen und durch eine absolute Monarchie zu ersetzen. Er ließ sich vom Jahre 31 v. Chr. an zu einem der beiden Konsuln wählen und sich mit einigen zusätzlichen Vollmachten ausstatten. Dabei war er stets darauf bedacht, nicht allzu sehr in die republikanische Verfassung einzugreifen. Nicht zuletzt die Ermordung Caesars mahnte ihn zur Vorsicht.

Es seien nur einige Elemente seiner ebenso vorsichtigen wie geschickt auf persönlichen Machtzuwachs gerichteten Politik hervorgehoben:

a) Augustus wußte die öffentliche Meinung für sich einzunehmen. So ließ er sich als Retter des Vaterlandes und der republikanischen Verfassungsordnung preisen. Manche der berühmten Schriftsteller des goldenen Zeitalters der römischen Literatur standen im Dienst dieser Propaganda (Vergil, Horaz, Livius).

Aus diesem Blickwinkel ist auch die formelle Wiederherstellung der republikanischen Verfassung im Jahre 27 v. Chr. zu sehen. Besonders aufschlußreich ist, was darüber Augustus in seinem Rechenschaftsbericht (,*Res gestae divi Augusti*') sagt. Dieser Bericht war in Rom öffentlich aufgestellt. Die dortigen Inschriften sind aber verschollen. Wir kennen den Bericht vor allem aus einer in Ankara gefundenen Tempelinschrift (*Monumentum Ancyranum*) und weiteren Inschriftenfunden

(*Res gestae* 34)

In consulato sexto et septimo, postquam bella civilia extinxeram, per consensum universorum potitus rerum omnium, rem publicam ex mea potestate in senatus populique Romani arbitrium transtuli.	In meinem sechsten und siebten Konsulat (28/27 v. Chr.) habe ich, der ich durch Übereinstimmung aller mit der höchsten Gewalt ausgestattet worden war, nachdem ich die Bürgerkriege beendet hatte, den Staat aus meiner Macht in die Entscheidung des Senats und des Volkes von Rom übertragen.

b) In der Annahme von Ämtern und Titeln zeigte sich Augustus zurückhaltend. Nur solche Ämter und Vollmachten, die er für seine politischen Zwecke unbedingt brauchte, ließ er auf sich übertragen.

(*Res gestae* 5 u. 6)

Dictaturam et absenti et praesenti mihi delatam et a populo et a senatu M. Marcello et L. Arruntio coss. non recepi ...	Die Diktatur, die mir während meiner Abwesenheit wie auch in meiner Gegenwart sowohl vom Volk als auch vom Senat unter dem Konsulat von M. Marcellus und L. Arruntius (22 v. Chr.) angetra-

Consulatum quoque tum annuum et perpetuum mihi delatum non recepi.

gen worden ist, habe ich nicht angenommen ...
Auch den mir damals jährlich und auf Lebenszeit angetragenen Konsulat habe ich nicht angenommen.

... senatu populoque Romano consentientibus ut curator legum et morum summa potestate solus crearer, nullum magistratum contra morem maiorum delatum recepi.

... Obwohl der Senat und das Volk von Rom darin übereinstimmten, daß ich zum alleinigen, mit höchster Gewalt ausgestatteten Hüter von Gesetz und Sitte gewählt werden sollte, habe ich kein Amt, das mir entgegen der Sitte der Väter angeboten wurde, angenommen.

Quae tum per me geri senatus voluit, per tribuniciam potestatem perfeci ...

Was damals der Senat von mir durchgeführt wissen wollte, habe ich mit der *tribunicia potestas* vollbracht.

Augustus hatte sich also nicht zum Tribunen wählen, sondern sich mit den *Vollmachten* eines Tribunen zunächst auf Zeit, dann auf Lebenszeit ausstatten lassen. Gelegentlich bekleidete er auch das Amt eines der beiden Konsuln. Ferner besaß er eine ständige militärische Befehlsgewalt (*imperium proconsulare*, später *imperium consulare*). Im übrigen war er ,*princeps senatus*', das heißt er war derjenige, der im Senat zuerst seine Auffassung darlegen durfte. In der öffentlichen Meinung bedeutete ,*princeps*' dann aber doch schon so viel wie der ,erste Mann' im Staate. Mit dem etwas schillernden Ehrentitel *Augustus* verband sich in den Provinzen eine gottähnliche Verehrung seiner Person, die er dort wohl ganz gern sah, aber nicht in Rom duldete. Mitglied des Pontifikalkollegiums war Augustus schon unter Caesar; im Jahre 12 v. Chr. wurde er *pontifex maximus*, nachdem der bisherige Inhaber des Amtes, der einstige Mittriumvir Lepidus, gestorben war. Offenbar in dieser Eigenschaft verlieh er einzelnen Juristen, die nicht dem Pontifikalkollegium angehörten, das Recht, öffentlich Responsen ,*ex auctoritate principis*' zu erstatten.

c) Augustus verstand es, seinen persönlichen Reichtum zu mehren und ihn zu politischen Zwecken einzusetzen. So hatte er bereits in Erfüllung von Auflagen im Testament Caesars Geld an die Bevölkerung Roms verteilt, und so schüttete er auch später mehrfach Geld und Getreide an die Bevölkerung Roms aus. Er ließ aus seinen privaten Mitteln öffentliche Bauten (Tempel, Theater, Augustus-Forum) errichten, wobei er den Grund aufkaufte und nicht etwa zu Enteignungen schritt.

Einnahmen hatte Augustus vor allem aus der Kriegsbeute und den von ihm eroberten oder zurückgewonnenen Provinzen, die er in seiner persönlichen Verwaltung beließ. Seit 27 v. Chr. gab es kaiserliche Provinzen und solche, die der Senat weiterhin verwaltete.

Seine Privatkasse baute Augustus mit Hilfe von Freigelassenen zu einer Finanzorganisation *(fiscus)* aus. Der republikanische Staatsschatz *(aerarium)* trat in seiner Bedeutung hinter den Fiskus immer mehr zurück; Augustus mußte ihm öfters aushelfen. Daß auf diese Weise der Staatsapparat beherrscht werden konnte, ohne daß Augustus in seiner Person magistratische Ämter zu häufen brauchte, liegt auf der Hand.

d) Im übrigen versuchte Augustus, jedem Stand das Seine zukommen zu lassen. Der Nobilität überließ er die Magistraturen, die anderen Einrichtungen der Republik und einige neu geschaffene Staatsämter (wie das Amt des *praefectus urbi*, des Polizeipräsidenten von Rom). Die Ritterschaft beteiligte er an der Staatsverwaltung, die er nach dem Ressortprinzip neben der wenig effektiven Magistratsverwaltung einrichtete. So setzte er zum Beispiel einen *praefectus praetorio* (Befehlshaber der Leibwache), einen *praefectus vigilum* (Chef der Feuerwehr), einen für die Getreideversorgung zuständigen *praefectus annonae* und einen *praefectus vehiculorum* als eine Art Generalpostmeister ein.

Den kleinen Leuten versuchte er Schutz zu geben vor den sozialen und staatlichen Gewalten mit Hilfe seiner *tribunicia potestas*. Diese Gewalt umfaßt das ,*ius auxilii‘*, also das Recht, einem einzelnen (durch Interzession) zu Hilfe zu kommen. Das *ius auxilii* benutzte Augustus auch dazu, um Rechtsschutz zu gewähren, wo das Aktionensystem im Einzelfall versagte. Daraus entwickelte sich die ,*extraordinaria cognitio‘*, die kaiserliche Gerichtsbarkeit (unten § 17). In der Provinzialbevölkerung wuchs das Gefühl der Rechtssicherheit nicht zuletzt dadurch, daß der die Steuern einziehende Fiskus, der ja formal die Kasse eines Privatmannes war, verklagt werden konnte.

II. Die Staatsform des Prinzipats

Die Staatsform des Prinzipats, die Augustus geschaffen hatte, entwickelte sich in den nächsten Jahrhunderten immer mehr in Richtung auf eine absolute Monarchie. Die Herrscher führten die Titel ,*imperator‘* und

‚princeps‘, aber auch den Namen *‚Caesar‘* (aus dem ja die Titel Kaiser und Zar entstanden sind). Da es sich um keine Erbmonarchie handelte, war die Nachfolgefrage problematisch. Gern wurde sie durch Adoption gelöst – ein Verfahren, mit dem Augustus schon zur Nachfolge Caesars berufen worden war und das dem römischen Staat auch in der Folgezeit (vor allem im zweiten nachchristlichen Jahrhundert) einige gute Herrscherpersönlichkeiten schenkte. Zum Teil bestellten die Kaiser auch die von ihnen erwählten Nachfolger zu Mitregenten. Im 3. Jahrhundert n. Chr. war es oft das Militär, das seine Anführer auf den Schild erhob und als Kaiser präsentierte (‚Soldatenkaiser‘).

Von den republikanischen Verfassungsorganen sank zunächst der *Volkstribunat* zur Bedeutungslosigkeit herab. Die Aufgaben der Tribune wurden vom Kaiser kraft seiner *tribunicia potestas* wahrgenommen. Ebenso übten die Kaiser die zensorische Gewalt aus.

Die *Volksversammlung* wurde noch unter Augustus praktisch ihrer Befugnisse entkleidet. Die Gesetzgebung ging auf den Senat über. Mit dem Regierungsantritt des Tiberius wurden auch die Beamtenwahlen den Komitien genommen und dem Senat überlassen. Nur die Übertragung der magistratischen Vollgewalt *(imperium)* auf den Kaiser bedurfte in der Folgezeit formal noch eines Gesetzes, das aber durch bloße Akklamation zustandekam (*‚lex de imperio‘*). Erhalten ist die *lex de imperio* Vespasians (69/70 n. Chr.).

Auch die *Senatsbeschlüsse* beschränkten sich mehr und mehr auf die Zustimmung zu den Vorlagen der Kaiser. Da die Kaiser die Senatslisten aufstellten, hatten sie Einfluß auf die Zusammensetzung des Senats, so daß dort schließlich nur willfährige Anhänger der kaiserlichen Politik vertreten waren. Schon gegen Ende des 2. Jahrhunderts n. Chr. legen die Juristen der kaiserlichen Rede im Senat *(oratio)*, die oft genug in Abwesenheit des Kaisers verlesen wurde, die Wirkung eines Senatsbeschlusses bei.

Am längsten und besten hielten sich noch die republikanischen Magistraturen (Konsul, Prätor, Ädilen), wenn auch ihre Zuständigkeit durch die Einrichtung der kaiserlichen Verwaltung und der kaiserlichen Gerichtsbarkeit (s. oben § 14 I) stark beschnitten wurde.

III. Bevölkerungspolitik

Augustus hatte eine Gesetzgebung in die Wege geleitet, mit der er eine Überfremdung Roms durch Angehörige anderer Völkerschaften zu verhindern trachtete. Einerseits wollte Augustus die Zahl der Geburten in der römischen Bevölkerung durch eine Ehegesetzgebung anheben; andererseits versuchte er, die Sklavenfreilassungen einzudämmen.

a) Die *Ehegesetzgebung* des Augustus beginnt mit der *lex Iulia de maritandis ordinibus* (Eheschließungsordnung), wird mit der *lex Iulia de adulteriis coercendis* (Gesetz gegen den Ehebruch) im Jahre 18 v. Chr. fortgesetzt und mit der *lex Papia Poppaea* (9 n. Chr.) abgeschlossen. Durch diese Gesetze wurde den römischen Bürgern die Eheschließung zur Pflicht gemacht. Bei Ehe- und Kinderlosigkeit traten steuerliche und erbrechtliche Nachteile ein (das galt entgegen dem guten römischen Herkommen auch für Witwen). Wer mindestens drei eheliche Kinder hatte, war von diesen Belastungen befreit *(ius trium liberorum)*. Eine Frau wurde auf diese Weise auch von der Geschlechtsvormundschaft (vgl. oben § 8 II 3) frei. Dies alles wurde von ergänzenden Regelungen flankiert. War der Vormund einer heiratsfähigen Frau minderjährig, taubstumm, geisteskrank oder abwesend, so hatte ihr der Prätor für die erforderliche Zustimmung zu Eheschließung und Mitgiftbestellung einen anderen Vormund zu bestellen. Den Ehebruch suchte Augustus dadurch zu bekämpfen, daß er das alte Recht zur Tötung der im Ehebruch ertappten Frau wiederbelebte und daß er ihn mit öffentlicher Strafe bedrohte.

b) Die *Sklavenfreilassung* durch Testament wurde in einer *lex Fufia Caninia* aus dem Jahre 2 v. Chr. in der Weise eingeschränkt, daß ein Testator, der 2 bis 10 Sklaven sein eigen nannte, nur die Hälfte freilassen konnte, bei 11 bis 30 Sklaven nicht mehr als ein Drittel, bei 31 bis 100 Sklaven ein Viertel, bei 101 bis 500 Sklaven ein Fünftel, jedoch nie mehr als 100 Sklaven auf einmal. Eine *lex Aelia Sentia* regelte im Jahre 4. n. Chr. die Freilassung zu Lebzeiten des Herrn des Sklaven. Der freilassende *dominus* mußte mindestens 20 Jahre alt sein, der freigelassene Sklave mindestens 30 Jahre. Minderwertige Sklaven, zum Beispiel die wegen Flucht gebrandmarkten *(,fugitivi')*, erlangten durch Freilassung nicht das römische Bürgerrecht, sondern die Stellung von Angehörigen eines militärisch unterworfenen fremden Volkes *(peregrini dediticii)*.

In beiden Richtungen war der bevölkerungspolitischen Gesetzgebung des Augustus kein bleibender Erfolg beschieden. Rund 200 Jahre später verleiht der Kaiser Caracalla allen freien Angehörigen des römischen Weltreiches – mit einigen, nicht genau zu ermittelnden Ausnahmen – das römische Bürgerrecht *(constitutio Antoniniana,* 212 n. Chr.). Ziel dieser

Maßnahme mag die Ausdehnung der Erbschaftssteuerpflicht auf alle Untertanen gewesen sein. Bemerkenswert ist aber, daß sie getroffen werden konnte, ohne daß die altrömische Bürgerschaft aufbegehrte.

§ 15 Die Rechtsquellen des klassischen römischen Rechts

‚Rechtsquelle' soll hier in dem weiten Sinne verstanden werden, der den eigenen Vorstellungen der klassischen Juristen entspricht.

Gaius, Inst. 1. 2:

Constat autem ius civile populi Romani ex legibus, plebiscitis, senatus consultis, constitutionibus principum, edictis eorum, qui ius edicendi habent, responsis prudentium.

Das Zivilrecht des römischen Volkes besteht aus Gesetzen, Plebisziten, Senatsbeschlüssen, Kaiserkonstitutionen, den Edikten derer, die das Recht haben, Edikte zu erlassen, und den Gutachten der Rechtsgelehrten.

Infolge der Abneigung der Römer gegen eine kodifizierende, alle anderen Rechtssätze verdrängende Gesetzgebung bieten die römischen Rechtsquellen ein buntes Bild.

I. Die Gesetzgebung

Zu Beginn der klassischen Periode nehmen noch einige Volksgesetze (Plebiszite) Einfluß auf die Privatrechtsentwicklung. Neben den schon erwähnten Prozeßgesetzen des Augustus (s. oben § 9 III a) und seinen Ehegesetzen (s. oben § 14 III) ist die *lex Falcidia,* ein Plebiszit aus dem Jahre 40 v. Chr., zu nennen. Dieses Gesetz will verhindern, daß der Testamentserbe durch Vermächtnisse so sehr belastet wird, daß ihm vom Nachlaß nichts oder nur wenig verbleibt. Es ordnet daher an, daß der Erbe mindestens ein Viertel der Erbschaft (‚*quarta Falcidia'*) erhält. Gehen die Vermächtnisse über drei Viertel des Nachlasses hinaus, so werden sie anteilig gekürzt. Die ‚Falcidische Quart' bildet übrigens den Ursprung des modernen Pflichtteilsrechts.

II. Senatsbeschlüsse und kaiserliche *orationes*

Im 1. Jahrhundert n. Chr. übernimmt das *Senatus Consultum* (abgekürzt SC.) die Rolle, die vorher das Gesetz gespielt hat. Nicht die umfassende Normierung des Rechts (Kodifikation) oder die Regelung eines Rechtsgebiets, sondern die Lösung neu auftretender Probleme ist das Ziel und der Gegenstand solcher Senatsbeschlüsse, die insoweit den modernen ‚Maßnahmegesetzen' ähneln.

a) Beispielsweise erklärt ein *SC. Vellaeanum* (etwa 46 n. Chr.) die Übernahme von Bürgschaften durch Frauen für unzulässig (sogenanntes Interzessionsverbot); es läßt keine Klagen mehr gegen Frauen aus Bürgschaften zu.

b) Ein *SC. Macedonianum* verbietet um 70 n. Chr. die Darlehenshingabe an Haussöhne. Der Anlaß hierzu war, daß der Haussohn Macedo, der von seinen Gläubigern bedrängt worden war, seinen Vater ermordet hatte. Den Gläubigern wird die Klage aus solchen Darlehensgeschäften versagt, und zwar auch für die Zeit nach dem Tode des Hausvaters, um diesen vor Nachstellungen zu schützen. Ob Macedo seinen Vater wirklich ermordet hat, ist bezweifelt worden auf Grund der Erwägung, daß er ja gerade zu Lebzeiten des Vaters vor dem Zugriff der Gläubiger sicher war. Dennoch sind die Berichte über das Mordverbrechen des Macedo glaubhaft (vgl. *David Daube*, Did Macedo murder his father? SZ 65, 261: „It is to be feared that he did"). Der betreffende Passus des *Senatus Consultum* lautet:

(D 14. 6. 1 pr. – *Ulpianus libro vicensimo nono ad edictum* –):

… *ne cui, qui filio familias mutuam pecuniam dedisset, etiam post mortem parentis eius, cuius in potestate fuisset, actio petitioque daretur, ut scirent, qui pessimo exemplo faenerarent, nullius posse filii familias bonum nomen expectata patris morte fieri.*	… Demjenigen, der einem Haussohn ein Darlehen gegeben hat, soll auch nach dem Tode des Vaters, in dessen Gewalt der Haussohn war, keine Klage gegeben werden, damit diejenigen, die nach schlechtestem Beispiel Geld auf Zinsen ausleihen, wissen, daß sie gegen keinen Haussohn eine wirksame Forderung in Erwartung des Todes des Vaters begründen können.

Das Wort *nomen* hat die Bedeutung ‚Geldforderung' oder ‚Schuldposten' aus dem altrömischen Litteralkontrakt (vgl. oben § 9) beibehalten.

c) Durch ein *SC. Tertullianum* unter Hadrian wurde ein – dem Erbrecht der Abkömmlinge, des Vaters und dessen Brüder nachgehendes – ziviles Erbrecht der Mutter, die das *ius trium liberorum* (vgl. oben § 14 III) besaß, begründet. Ein *SC. Orfitianum* (178 n. Chr.) gibt umgekehrt den Kindern ein Erbrecht beim Tode der Mutter. Hervorgerufen wurden diese Änderungen der gesetzlichen Erbfolge dadurch, daß die gewaltfreie Ehe die ältere *manus*-Ehe verdrängt hatte (vgl. oben § 8 II 1 und § 12 II). In der *manus*-freien Ehe gab es keine *agnatische* Verwandtschaft (vgl. oben § 8 II 3 und 4) und kein darauf gegründetes Erbrecht mehr zwischen der Mutter und ihren Kindern. Die genannten Senatusconsulta kommen dem Bedürfnis entgegen, erbrechtliche Beziehungen zwischen der Mutter und den Kindern wieder zu begründen. Dies geschieht nunmehr auf der Grundlage der *kognatischen* Verwandtschaft.

d) Von den kaiserlichen *orationes*, die die *Senatusconsulta* ablösen (vgl. oben § 14 II), sei als Beispiel eine *oratio divi Severi* aus dem Jahre 195 n. Chr. wiedergegeben.

(D 27. 9. 1 pr. – 2, – *Ulpianus libro trigesimo quinto ad edictum* –):

(pr.) Imperatoris Severi oratione prohibiti sunt tutores et curatores praedia rustica vel suburbana distrahere.

(pr.) Durch eine Rede des Kaisers (Septimius) Severus ist den Vormündern und Pflegern verboten worden, ländliche und stadtnahe Grundstücke zu veräußern.

(1) Quae oratio in senatu recitata est Tertullo et Clemente consulibus Idibus Iuniis et sunt verba eius huiusmodi:

(1) Diese Rede ist im Senat am 13. Juni des Konsulatsjahres von Tertullus und Clemens (195 n. Chr.) verlesen worden; sie hat folgenden Wortlaut:

(2) „Praeterea, patres conscripti, interdicam tutoribus et curatoribus, ne praedia rustica vel suburbana distrahant, nisi ut id fieret, parentes testamento vel codicillis caverint. quod si forte aes alienum tantum erit, ut ex rebus ceteris non possit exsolvi, tunc praetor urbanus vir clarissimus adeatur, qui pro sua religione aestimet, quae possunt alienari obligarive debeant, manente pupillo actione, si postea potuerit probari obreptum esse praetori …"

(2) „Außerdem, versammelte Senatoren, möchte ich den Vormündern und Pflegern untersagen, daß sie ländliche oder stadtnahe Grundstücke (des Mündels) veräußern, es sei denn, daß die Väter dies im Testament oder in Kodizillen angeordnet hatten. Sollten die Schulden (des Mündels) so groß sein, daß sie aus den übrigen Sachen nicht beglichen werden können, dann soll man sich an den Herrn Stadtprätor wenden, der pflichtgemäß abschätzen wird, was an Grundstücken veräußert oder belastet werden soll. Dem Mündel

bleibt eine Klage, falls er später nachweisen kann, daß der Prätor hintergangen worden ist ..."

Unter den im Text der *oratio* erwähnten Kodizillen sind Schriftstücke zu verstehen, die der Erblasser dem eigentlichen Testament beigefügt hatte.

e) Eine andere *oratio Severi* von 206 n. Chr. (die eigentlich von Antoninus Caracalla stammt, den sein Vater Septimius Severus schon zu Lebzeiten an der Regierung beteiligt hatte), läßt die an sich unwirksamen Schenkungen unter Ehegatten (vgl. das oben § 11 I besprochene *responsum* des Trebatius) mit dem Tode des Schenkers wirksam werden, sofern dieser die Schenkung nicht vorher widerrufen hatte.

III. Die Jurisdiktionsedikte

Die Edikte der Prätoren und kurulischen Ädilen bildeten nach wie vor die Grundlage für die Tätigkeit der Gerichtsmagistrate. Spätestens seit einer *lex Cornelia* des Jahres 67 v. Chr. sind die Magistrate streng an ihre Edikte gebunden. Durch die Möglichkeit, *actiones in factum,* das heißt auf den Einzelfall abgestellte Klageformeln zu erteilen, konnten die Prätoren aber auch den während ihres Amtsjahres neu auftretenden Rechtsschutzbedürfnissen gerecht werden.

Die eigentlich rechtsschöpferische Tätigkeit der Gerichtsmagistrate ging aber während des Prinzipats mehr und mehr auf die kaiserliche Gerichtsbarkeit über. Das veranlaßte den Kaiser Hadrian, die Edikte des Stadtprätors und der kurulischen Ädilen um 130 n. Chr. durch den Juristen Salvius Iulianus (vgl. unten § 16 II) abschließend redigieren zu lassen. Durch Senatsbeschluß wurde die neue Fassung für unabänderlich erklärt (*edictum perpetuum;* vgl. auch oben § 9 I 2).

IV. Die kaiserliche Rechtssetzung

Die Kaiser greifen nicht nur durch die *extraordinaria cognitio* (vgl. oben § 14 I und unten § 17) in die Rechtspflege ein. Seit dem 2. Jahrhundert nehmen sie auf Anfragen (namentlich aus den Provinzen) zu Einzelfällen auch in der Form von *Reskripten* Stellung. In der Folgezeit treffen sie allgemeinere Festlegungen in *Konstitutionen* (Edikte, Dekrete). Hierbei ließen sich die Kaiser von ihrem *consilium* beraten, das in der Regel mit ausgezeichneten Juristen besetzt war. Auf diese Weise war auch die kaiserliche Rechtsprechung und Rechtssetzung aufs engste mit der römischen Jurisprudenz verknüpft.

Formal gehörte diese Art der Rechtssetzung zunächst dem Amtsrecht, dem *ius honorarium*, an. Aber schon für Gaius besteht kein Zweifel, daß die kaiserlichen Konstitutionen Gesetzeskraft haben, also dem *ius civile* zuzurechnen sind. Gaius begründet das damit, daß der Kaiser durch Gesetz (gemeint ist die *lex de imperio;* vgl. oben § 14 II) seine Macht erhalten hat (Gaius, Inst. 1. 5: „*... cum ipse imperator per legem imperium accipiat*“). Die Theorie des ‚Ermächtigungsgesetzes‘ steht aber auf ebenso schwachen Füßen wie die Behauptung des Gaius, daß die Gesetzeskraft der kaiserlichen Konstitutionen noch nie bezweifelt worden sei. Es war die Machtstellung des Kaisers, die seinen Willensbekundungen eine alles überragende Bedeutung gab.

In der Spätantike sind mehrfach Sammlungen kaiserlicher Konstitutionen veranstaltet worden (s. unten § 19 I). Die wichtigste amtliche Sammlung dieser Art ist der als Codex bezeichnete Teil des Corpus Iuris Justinians (s. unten § 22 II, 23 III).

V. Die Responsen

Gaius führt unter den Rechtsquellen auch die *responsa prudentium* auf und sagt, das seien die Auffassungen derer, denen es erlaubt worden sei, Rechtssätze zu schaffen (Gaius, Inst. 1. 7: „*...quibus permissum est iura condere*“). Damit bezieht sich Gaius auf die bereits oben (§ 14 I) erwähnte Verleihung des Rechts, öffentlich Rechtsgutachten zu erstatten, an bestimmte Juristen durch die Kaiser. Hatte Augustus nur Juristen aus dem Senatorenstande diese Befugnis gegeben, so werden in der Folgezeit auch Ritter berücksichtigt. Schließlich kommen im 2. Jahrhundert n. Chr. die Respondierjuristen aus allen Ständen und aus allen Teilen des römischen Reiches. Stets scheint es sich aber um einen Kreis weniger besonders privilegierter Juristen gehandelt zu haben. Dem Juristen Gaius, dessen Institutionen hier schon öfter zitiert worden sind, hat zum Beispiel das Recht des Respondierens gefehlt.

Nach Gaius, Inst. 1. 7 hat Hadrian in einem Reskript bestimmt, daß eine Rechtsmeinung, die von allen Respondierjuristen geteilt wird, gesetzesgleiche Kraft hat; während dann, wenn die Meinungen auseinandergehen, der *iudex* frei ist, welcher Ansicht er folgen will.

Wenn man mit Hochachtung vom ‚klassischen‘ römischen Recht spricht, so ist das ein Verdienst der römischen Jurisprudenz, die in unzähligen Responsen die Rechtssätze und Rechtsinstitute verfeinert und neuen Verhältnissen angepaßt hat. Responsen der klassischen Juristen sind in großer Zahl in den Digesten des Corpus Iuris Justinians (vgl.

unten § 22 II, 23 II) überliefert. Als Musterbeispiel sei ein Responsum des Juristen Paulus (erste Hälfte des 3. Jhdts. n. Chr.) herausgegriffen.

(D 21. 2. 11 – *Paulus libro sexto responsorum* –):

Lucius Titius praedia in Germania trans Renum emit et partem pretii intulit: cum in residuam quantitatem heres emptoris conveniretur, quaestionem rettulit dicens has possessiones ex praecepto principali partim distractas, partim veteranis in praemia adsignatas:

Lucius Titius (Blankettname!) hatte Grundstücke in Germanien jenseits des Rheins gekauft und einen Teil des Kaufpreises entrichtet. Als der Erbe des Käufers auf die Restsumme verklagt wurde, erbat er eine Rechtsauskunft, wobei er vortrug, diese Besitzungen seien teils auf kaiserliche Anordnung veräußert (enteignet) worden, teils Veteranen als Kriegsbeute zugeschrieben worden.

quaero an huius rei periculum ad venditorem pertinere possit.
Paulus respondit futuros casus evictionis post contractam emptionem ad venditorem non pertinere et ideo secundum ea quae proponuntur pretium praediorum peti posse.

Die Frage ist, ob die Gefahr dieser Sache den Verkäufer treffen kann. Paulus erstattete folgendes Gutachten: In der Zeit nach Abschluß des Kaufvertrages zukünftig eintretende Eviktionsfälle betreffen nicht den Verkäufer und daher kann – nach dem, was vorgetragen worden ist – der Preis für die Grundstücke gefordert werden.

An diesem Responsum zeigt sich wiederum eine typische Eigenart, auf die schon bei der Gutachtertätigkeit der *pontifices* hingewiesen worden ist (oben § 11 I): Die geäußerte Rechtsmeinung steht unter dem Vorbehalt, daß der Tatsachenvortrag richtig ist („... *secundum ea quae proponuntur* ..."). Ferner fehlt dem Gutachten – wie üblich – eine Begründung. Aber die hinter den Gutachten stehenden Rechtsanschauungen lassen sich oft aus Andeutungen erschließen. Hier steht vermutlich hinter der Entscheidung eine in der römischen Jurisprudenz entwickelte Regel des Kaufrechts, die im gemeinen Recht in Anlehnung an ähnliche Formulierungen aus der römischen Antike mit den Worten „*periculum est emptoris*" („Die Gefahr trägt der Käufer') ausgedrückt worden ist. Gemeint ist damit, daß die Gefahr der zufälligen *Vernichtung* oder *Verschlechterung* der Sache im Zeitpunkt des Abschlusses des Kaufvertrages auf den Käufer übergeht;

der Käufer muß von da an vollen Kaufpreis zahlen, auch wenn er keine oder eine schlechtere Sache erhält. Diesen Satz dehnt Paulus im vorstehenden Responsum auf den Fall der zufälligen, von keinem der Vertragspartner verschuldeten *Entziehung* der Kaufsache aus.

Paulus konnte hier zur Lösung des Falles also schon auf einen in der Respondiertätigkeit entwickelten Rechtsgrundsatz zurückgreifen. Wie solche Grundsätze aus Verallgemeinerungen von Einzelfallentscheidungen entstanden sind, zeigt ein von dem Klassiker Iavolenus aus den hinterlassenen Schriften des frühklassischen Juristen Labeo, eines Zeitgenossen des Augustus, mitgeteilter Bericht, der zugleich die Kontinuität der römischen Rechtswissenschaft über Jahrhunderte hinweg erkennen läßt.

(D 24. 3. 66 pr. – *Iavolenus libro sexto ex posterioribus Labeonis –):*

In his rebus, quas praeter numeratam pecuniam doti vir habet, dolum malum et culpam eum praestare oportere Servius ait.	In bezug auf diejenigen Gegenstände, die der Mann neben Geldsummen zur Mitgift hat, haftet er für Vorsatz und Fahrlässigkeit, sagt Servius (Sulpicius).
ea sententia Publii Mucii est:	Diese Auffassung stammt von Publius Mucius (Scaevola).
nam is in Licinnia Gracchi uxore statuit, quod res dotales in ea seditione, qua Gracchus occisus erat, perissent, ait, quia Gracchi culpa ea seditio facta esset, Licinniae praestari oportere.	Er hat nämlich in bezug auf die Licinnia, die Ehefrau des Gaius Gracchus, bekundet, daß die Mitgiftgegenstände, die bei dem Aufruhr, in dem Gracchus getötet wurde, zerstört worden waren, der Licinnia erstattet werden müßten, weil der Aufruhr durch das Verschulden des Gracchus entstanden sei.

Publius Mucius Scaevola war zu jener Zeit (121 v. Chr.; vgl. oben § 13 I) *pontifex maximus.* Die ihm zugeschriebene Äußerung war vermutlich in einem *responsum* enthalten, das er in dieser Eigenschaft erstattete. Es ist aber nicht auszuschließen, daß er in dem betreffenden Rechtsstreit als *iudex* tätig war. Wie dem auch sei, seine Äußerung betraf nur einen Einzelfall. Ausnahmsweise enthielt sie eine knappe Begründung (*„quia Gracchi culpa ea seditio facta esset“*). Der ursprüngliche Sinn dieser Aussage des Publius Mucius bestand allerdings weniger darin, eine Haftung für den Verschuldensgrad der Fahrlässigkeit zu postulieren, als zu betonen, daß für den Aufstand allein Gracchus und nicht seine Frau Licinnia verantwortlich war. Servius Sulpicius formulierte daraus die vom Ausgangsfall losgelöste Regel, daß der Ehemann hinsichtlich der Mitgiftgegenstände für *culpa* (Fahrlässigkeit) und – so folgerte Servius weiter – selbstverständlich auch für die schlimmere Verschuldensform des Vorsatzes *(dolus malus)* einzustehen hat.

Solche Regeln, Grundsätze und Prinzipien wurden mit äußerster Vorsicht formuliert. Sie betrafen immer nur abgegrenzte Fallgruppen. Die römische Jurisprudenz befaßte sich mit Einzelfällen und deren sachgerechter Lösung. Gegen eine allzu abstrakte Begrifflichkeit und gegen das Argumentieren mit allgemeinen Rechtsgrundsätzen bestand eine starke Abneigung. Bekannt sind die Aussprüche von *Iavolenus* (1. Jhdt. n. Chr.)

(D 50. 17. 202 – *Iavolenus libro undecimo epistularum* –):

Omnis definitio in iure civili peri-	Jede Definition im Bereich des Zi-
culosa est. rarum est enim, ut non	vilrechts ist gefährlich. Denn es
subverti posset.	kommt nur selten vor, daß sie
	nicht entkräftet werden könnte.

und *Paulus* (1. Hälfte des 3. Jhdt. n. Chr.)

(D 50. 17. 1 – *Paulus libro sextimo decimo ad Plautium* –):

Regula est, quae rem, quae est,	Eine Regel stellt die bestehende
breviter enarrat. Non ex regula ius	Rechtslage in kurzer Form dar.
sumatur, sed ex iure, quod est, re-	Dabei darf nicht aus der Regel das
gula fiat.	Recht entnommen werden, son-
	dern aus dem bestehenden Recht
	ist die Regel zu bilden.

Das Herausarbeiten allgemeiner Rechtsgrundsätze und ihre Einordnung in ein System sind vorwiegend ein Anliegen der Rechts*lehre,* mit der sich die Respondierjuristen nicht befaßten. Wenn die Respondierjuristen juristisch-technische Begriffe entwickelten und gebrauchten, so ging es ihnen um eine exakte Ausdrucksweise und nicht um eine Begrifflichkeit, wie sie für ein wissenschaftliches System der Rechtssätze erforderlich ist. Gleichwohl ist in der breiten *Kasuistik,* die das Werk der Respondierjuristen war, die *Tendenz zur Systematik* bereits angelegt.

§ 16 Die klassische römische Rechtswissenschaft

I. Die Eigenart der römischen Rechtswissenschaft
Die vorstehende Betrachtung des *responsum* hat schon hinübergeleitet zu einer Beurteilung der klassischen römischen Rechtswissenschaft. In der Tat war es vorwiegend die römische Rechtswissenschaft, die den Rechtsstoff geschaffen hat, den man als das klassische römische Privatrecht bezeichnet. Die staatliche Rechtssetzung tritt hinter dem Werk der Jurisprudenz stark zurück. „Das ‚Volk des Rechts‘ ist nicht das Volk des Gesetzes" (*Fritz Schulz*, Prinzipien des römischen Rechts, S. 4).

Im Gegensatz zur republikanischen Ära der römischen Jurisprudenz ist in der Klassik bereits eine schulmäßige Rechtslehre anzutreffen. Dadurch finden logische Figuren (wie *distinctio* und *definitio*) immer mehr Eingang in die Jurisprudenz. Die Definitionen sind einfach und lehnen sich an die Etymologie an. Bekannt ist die etymologisch ebenso falsche wie sachlich richtige Definition des Darlehens durch Gaius, Inst. 3. 90: *mutuum = „quod ... ex meo tuum fit"* („Was aus dem Meinen das Deinige wird"). Gaius beschreibt damit die Rechtslage zutreffend; sprachlich gehören aber *mutuum* und *mutare* (= ‚verändern‘) zusammen.

Die traditionelle Methode der Fallösung und die Juristensprache, die sich durch Knappheit und den Verzicht auf ungebräuchliche und gefühlsbeladene Wörter auszeichnet, bleiben auch in der Schulliteratur erhalten. Rechtsgeschichte und Rechtsphilosophie liegen nach wie vor außerhalb des Interesses. Nur gelegentlich wird in Einführungsschriften auf die Geschichte des Rechts eingegangen; aber das Recht der Gegenwart wird nicht als geschichtliche Erscheinung begriffen und in Frage gestellt. Und was an Definitionen über Recht und Gerechtigkeit aus klassischer Zeit überliefert ist, stammt offenkundig aus der griechischen Philosophie:

(Celsus – Ulpian D 1. 1. 1. pr. – *Ulpianus libro primo institutionum –*)

Ius est ars boni et aequi	Das Recht ist die Technik (*ars* = τέχνη) des Guten und Gerechten.

(D 1. 1. 10 pr. – *Ulpianus libro primo regularum –*)

Iustitia est constans et perpetua voluntas ius suum cuique tribuendi.	Gerechtigkeit ist der beständige und dauernde Wille, einem jeden sein Recht zukommen zu lassen.

Diese und ähnliche Formeln mögen die Einleitungen der klassischen Juristenschriften geziert haben; sie mögen auch das Selbstverständnis der klassischen Juristen sinnfällig wiedergeben. Für die dem Rechtsfall und der Problemlösung zugewandte praktische Tätigkeit der Klassiker waren sie durchaus belanglos.

Die einzelnen Juristen fügen sich so sehr in die Tradition der römischen Jurisprudenz ein, daß ihren Äußerungen nahezu jede individuelle Note fehlt. Sie sind aus heutiger Sicht im Grunde genommen „fungible", auswechselbare Personen. Diese vielleicht etwas überspitzte Beurteilung stammt von *F. C. v. Savigny* (Vom Beruf unserer Zeit zu Gesetzgebung und Rechtswissenschaft, 1814, S. 157). Neuere Versuche, von dieser Beurteilung loszukommen und die Individualität einzelner klassischer Juristen herauszuarbeiten, haben bisher das Gesamtbild nur wenig geändert.

Was oben über die Abneigung der Respondierjuristen gegen Abstraktionen gesagt worden ist, gilt auch für die diejenigen klassischen Juristenschriften, in denen die Rechtssätze zusammenhängend dargestellt werden. Cicero hat in einer (nicht erhaltenen) Schrift ,*de iure civili in artem redigendo*' gefordert, man müsse das Recht in ein theoretisches System bringen mit Einteilungen, Definitionen und abstrakten Rechtssätzen. „Die römische Jurisprudenz hat diese Ermahnungen mit höflichem Schweigen beantwortet" (*Fritz Schulz*, Prinzipien des römischen Rechts, S. 44).

II. Die beiden ‚Rechtsschulen'

Die Weitergabe des Rechtsstoffes und der überkommenen Lehrmeinungen an die jüngere Juristengeneration führte schon zu Beginn der klassischen Periode zur Ausbildung zweier Rechtsschulen, die nach ihren Oberhäuptern (nicht ihren Begründern) benannt sind: die *Proculianer* (oder Proculejaner) und die *Sabinianer* (auch Cassianer genannt). Unter einer Rechtsschule *(schola)* wird man sich nicht eine Unterrichtsanstalt vorzustellen haben, sondern einen Kreis gleichgesinnter Juristen, die die von ihnen gebilligten Lehrmeinungen auch jüngeren Personen vermittelten. Die Namen der wichtigsten Juristen der beiden Schulen lauten:

(Proculianer)	(Sabinianer)
M. Antistius *Labeo* (Zeitgenosse des Augustus)	C. Ateius *Capito* (Konsul 5 n. Chr.; gest. 22 n. Chr.)
M. Cocceius *Nerva* (Nerva pater; gest. 33 n. Chr.; Großvater des Kaisers Nerva)	Massurius *Sabinus* (Respondierjurist, der erst in vorgerücktem Alter in den Ritterstand aufstieg)

Proculus
(Haupt der Rechtsschule)

Pegasus
(Konsul bald nach 70 n.Chr.; Nachfolger des Proculus in der Führung der Rechtsschule)

Iuventius *Celsus*
(Celsus pater; Nachfolger des Pegasus)

L. *Neratius* Priscus
(Konsul 87 n.Chr.; Mitglied des *consilium* der Kaiser Trajan und Hadrian)

P. Iuventius *Celsus*
(Celsus filius; Prätor um 106/107 n.Chr.; Konsul 129 n.Chr.; Mitglied des *consilium* Hadrians)

C. *Cassius* Longinus
(Konsul 30 n.Chr.; gest. 69 n.Chr.; Haupt der nach ihm oder nach Sabinus benannten Rechtsschule)

C. *Iavolenus* Priscus
(Konsul 86 n.Chr.; verschiedentlich Statthalter von Provinzen)

Salvius *Iulianus*
(Konsul 148 n.Chr.; Inhaber vieler Staatsämter und Statthalter mehrerer Provinzen; Mitglied des kaiserlichen *consilium*)

Mit Julian und dem jüngeren Celsus erreichte die Klassik einen Gipfelpunkt. *Celsus* war ein hervorragender, geistvoller Jurist, der allerdings in dem Rufe steht, in seinen Äußerungen bisweilen ein rechter Grobian gewesen zu sein. Von ihm stammen aber einige feinsinnige Formulierungen, wie die goldenen Worte „*Scire leges non hoc est verba earum tenere, sed vim ac potestatem*" („Die Gesetze zu kennen, heißt nicht, ihrem Wortlaut zu folgen, sondern ihrem Sinn und Zweck"; D 1. 3. 17) und die Rechtsregel „*Impossibilium nulla obligatio est*" („Das Unmögliche kann nicht Gegenstand eines Schuldverhältnisses sein"; D 50. 17. 185; vgl. § 306 BGB). *Julian* war ein ideenreicher Kopf und ein sehr fruchtbarer Schriftsteller. Viele alte Streitfragen hat er durch seine Stellungnahme entschieden, und für manche Probleme hat er neue Lösungen gefunden. Damit hat er die Überwindung des Gegensatzes zwischen den beiden Rechtsschulen eingeleitet.

Der Schule der Sabinianer ist ferner der um die Mitte des 2. nachchristlichen Jahrhunderts wirkende ‚Schuljurist' *Gaius* zuzurechnen. Über seine Person wissen wir nicht viel. Sicher ist aber, daß er nicht das *ius respondendi* besaß. Merkwürdigerweise ist von ihm der alleinige Name Gaius bekannt, der vorzugsweise als Vorname verwendet wurde. Das läßt vermuten, daß es sich um einen Freigelassenen handelt. Gewisse Gräcismen in seinen Schriften und die Tatsache, daß er einen Kommentar zum Provinzialedikt verfaßte, haben zu der Hypothese geführt, daß Gaius aus Griechenland oder einer der hellenistischen Provinzen des Ostens stammte. Das Rätsel um seine Person hat ferner Anlaß zu der Annahme gegeben, die Schriften des Gaius stammten in Wahrheit von dem oben erwähnten *Gaius* Cassius Longinus oder von einem anderen Klassiker, der seine Elementarschriften unter dem Pseudonym Gaius publiziert habe. Bei dem derzeitigen Wissensstand läßt sich dieser Meinungsstreit nicht eindeutig entscheiden.

Über den Unterschied der beiden Rechtsschulen und den Grund ihrer Entstehung lassen sich ebenfalls keine eindeutigen Aussagen machen. Die Differenzen zwischen den beiden Rechtsschulen bestanden nicht im Grundsätzlichen, sondern in einzelnen juristisch-technischen Fragen. Die Frage beispielsweise, ob der Tausch ein Kauf sei, wurde nach Gaius, Inst. 3. 141 von den Sabinianern, die bei Gaius „*nostri praeceptores*" („unsere Lehrer") heißen, bejaht; die Prokulianer („*diversae scholae auctores*" = die Autoren der anderen Schule) verneinten sie. Nach Auffassung der Sabinianer trat die Volljährigkeit mit der Geschlechtsreife, nach Meinung der Prokulianer mit 14 Jahren ein. Diese und andere Meinungsverschiedenheiten können bei der Lückenhaftigkeit der römischen Rechtsquellen nicht verwundern, da selbst das weitgehend kodifizierte moderne Privatrecht eine Fülle divergierender Rechtsansichten kennt. Versuche, den Grund des Schulengegensatzes im Politischen oder Philosophischen nachzuweisen, sind wenig überzeugend geblieben.

III. Die Hoch- und Spätklassik
Mit Salvius Iulianus war der Schulengegensatz schon nahezu überwunden. Es folgen auf ihn die *Hoch-* und *Spätklassiker*, die eine Schulenzugehörigkeit nicht mehr erkennen lassen:
Sextus *Pomponius*
(vielleicht nur Schuljurist ohne *ius respondendi)*
Sextus Caecilius *Africanus*
(Schüler des Julian und Herausgeber seiner Quästionen)
Quintus Cervidius *Scaevola*
(Mitglied des kaiserlichen *consilium* unter Marc Aurel, gehörte dem Ritterstande an)
Aemilius *Papinianus*
(Nach mehreren hohen Staatsämtern seit 202 n. Chr. *praefectus praetorio*

und damit Vorsitzender des kaiserlichen Konsiliums. Die Quellen wissen von einer Freundschaft zwischen ihm und dem Kaiser Septimius Severus. Im Jahre 212 n. Chr. ist Papinian hingerichtet worden, und zwar angeblich deshalb, weil er sich weigerte, den Mord Caracallas an seinem Bruder Geta zu rechtfertigen. Papinian ist so als Märtyrer des Rechts in die Geschichte eingegangen.)

Iulius *Paulus*
(Assessor des *praefectus praetorio* Papinian, später auch selbst *praefectus praetorio)*

Domitius *Ulpianus*
(ebenfalls Assessor des *praefectus praetorio* Papinian; 222 n. Chr. selbst *praefectus praetorio;* kurz darauf von der Prätorianergarde ermordet)

Herennius *Modestinus*
(Schüler des Ulpian; einer der letzten Klassiker)

IV. Literaturtypen
Wenn im folgenden auf die wichtigsten in der Klassik anzutreffenden *Literaturformen* hingewiesen wird, so soll damit kein Selbstzweck verfolgt werden. Für das Verständnis eines Quellentextes aus klassischer Zeit ist nicht nur wichtig, welchen Juristen der Text zum Verfasser hat, sondern auch, welchem Literaturtyp die Quellenstelle entstammt. Erst daraus ergibt sich, welche Zwecke der klassische Jurist mit seinen Ausführungen verfolgte, nämlich ob er eine lehrhafte Einführung geben, ob er eine Rechtsquelle kommentieren oder ob er einen Einzelfall erörtern wollte. Die meisten klassischen Juristenschriften sind übrigens nur noch in den Fragmenten erhalten, die in den Digesten des Corpus Iuris Justinians zusammengestellt sind (vgl. unten §§ 22, 23 II, 24). Oft ist aber bekannt, wieviele ‚Bücher‘ das betreffende Werk hatte, weil bei Zitaten die Zahl des Buches angegeben wurde. Unter einem ‚Buch‘ *(liber)* ist eine antike Schriftrolle zu verstehen, deren Umfang etwa 25–40 modernen Druckseiten entspricht.

1. Gesamtdarstellungen, Schul- und Unterrichtsliteratur, Exzerptensammlungen
a) Von *Massurius Sabinus* stammt eine Gesamtdarstellung des *ius civile* in drei Büchern, die von Pomponius, Paulus und Ulpian kommentiert worden ist. Ferner hat es eine Darstellung des *ius civile* von *Plautius* gegeben, die aber nur aus den Kommentaren, die Paulus und andere dazu geschrieben haben, bekannt ist.

b) Die einzige einigermaßen vollständig erhaltene und außerhalb des Corpus Iuris Justinians überlieferte klassische Juristenschrift ist das Einführungslehrbuch *(Institutionen)* des *Gaius* in vier Büchern, die er selbst ‚*commentarii*‘ nannte. Gaius gliedert den Rechtsstoff nach den Gesichtspunkten *personae – res – actiones* (Personenrecht – Sachenrecht – Prozeßrecht). Dieses gaianische System blieb ein beliebtes Darstellungsschema bis in die Moderne (vgl. den Aufbau des Code civil und des Codex Iuris Canonici). In einer umgewandelten Form liegt das Schema *personae – res – actiones* (Personen – Sachen – ‚Handlungen‘) dem Allgemeinen Teil des deutschen Bürgerlichen Gesetzbuchs zugrunde.

Die Institutionen des Gaius waren jahrhundertelang nur in Fragmenten und Auszügen bekannt. Erst 1816 entdeckte der Historiker *Niebuhr* in der Stiftsbibliothek von Verona einen Pergament-Kodex mit Hieronymus-Briefen. Unter diesem Text kam eine Niederschrift der Institutionen des Gaius zum Vorschein. Der Gaiustext auf dem wiederbeschriebenen Pergament (‚Palimpsest‘) wurde zum großen Teil entziffert. Durch einige neuere Handschriftenfunde konnten manche Lücken geschlossen werden. Wie wichtig die Institutionen des Gaius für die rechtsgeschichtliche Wissenschaft sind, wird dem aufmerksamen Leser der vorstehenden Ausführungen nicht entgangen sein.

Gaius soll ein weiteres Werk über ‚alltägliche Rechtsfragen‘ (‚*Res cottidianae*‘) verfaßt haben. Von den sieben Büchern dieser Schrift, die möglicherweise in der Nachklassik überarbeitet worden ist oder gar erst in nachklassischer Zeit entstanden ist, sind nur Teilstücke erhalten.

c) Ein anderes Werk von lehrhaftem Charakter ist das *Enchiridium* (= Handbuch) des *Pomponius*. Aus diesem Enchiridium ist eine rechtshistorische Einleitung in die Digesten übernommen worden (D 1. 2. 2). Der Wert dieser Ausführungen ist aber streckenweise recht zweifelhaft.

d) Außerhalb des Corpus Iuris sind wesentliche Teile zweier Schriften auf uns gekommen, die offenbar ebenfalls einführenden, lehrhaften Zwecken dienten:

die *Pauli Sententiae* (5 Bücher) und

die *Ulpiani Regulae* (= *tituli ex corpore Ulpiani;* 7 Bücher).

Fraglich ist, ob diese Schriften wirklich von Paulus und Ulpian verfaßt worden sind. Wahrscheinlich handelt es sich um Auszüge aus den Werken von Paulus und Ulpian, die von späteren Bearbeitern hergestellt und entsprechend gruppiert worden sind. Der Wert dieser Art von Literatur liegt darin begründet, daß sie von den Eingriffen, die Justinians Gesetzgebungskommission in den von ihr ausgewählten Texten vorgenommen hat (,Interpolationen'; vgl. unten § 24 II), verschont geblieben ist. Zu dieser Literaturgattung gehören auch die *Fragmenta Vaticana* (abgekürzt: Fr. Vat.), eine 1821 im Vatikan entdeckte Sammlung von Exzerpten aus Juristenschriften (insbesondere Papinian, Paulus und Ulpian) und Kaiserkonstitutionen, ferner die *Collatio legum Mosaicarum et Romanarum* (abgekürzt: Coll.), ein aus dem 4. Jahrhundert n. Chr. stammender Vergleich des mosaischen Rechts mit dem römischen, wobei für das römische Recht Kaiserkonstitutionen und Exzerpte aus Gaius, Papinian, Paulus, Ulpian und Modestin im Wortlaut angeführt werden.

2. Kommentare
Eine beliebte Literaturform der Klassik war die des Kommentars. In den Kommentaren wurden fortlaufende Erläuterungen zu einer bestimmten Textvorlage zusammengefaßt. Sie heißen zumeist nur ,*libri ad* . . .'. In den Erläuterungen werden vielfach Einzelfälle mitgeteilt. Die Vorliebe für die Kasuistik und die Abneigung gegen Abstraktionen schlagen sich auch in den Kommentaren nieder.

2.1 Kommentare zum *ius civile*. An Kommentaren zu Einzelgesetzen sind hervorzuheben die *Zwölftafelkommentare* von Labeo (vgl. oben § 8 IV) und Gaius (vgl. oben § 7 III), ferner die Kommentierungen der *lex Iulia de adulteriis* durch Papinian, Paulus und Ulpian.

Wollten Juristen der Hochklassik das *ius civile* im ganzen kommentieren, so waren sie, weil es keine Kodifikation des *ius civile* gab, darauf angewiesen, die literarischen Darstellungen des *ius civile* von Quintus Mucius (vgl. oben § 11 II), Massurius Sabinus oder Plautius als Vorlage zu benutzen. So schrieb *Pomponius* einen Kommentar zu *Quintus Mucius* (39 Bücher) und einen weiteren zu *Massurius Sabinus* (35 Bücher). *Sabinus* wurde ferner von *Paulus* (16 Bücher) und *Ulpian* (51 Bücher) kommentiert. *Paulus* verfaßte außerdem 18 Bücher zu der Zivilrechtsdarstellung des *Plautius*.

2.2 Kommentare zum prätorischen Edikt. Die meisten und umfangreichsten Kommentare sind zum prätorischen Edikt verfaßt worden. Neben den Kommentaren von *Labeo, Sabinus* und *Pomponius* sind vor allem zu beachten die Ediktskommentare von *Paulus* (80 Bücher) und *Ulpian* (83 Bücher) und der Kommentar des *Gaius* zum ,*edictum provinciale*' (32 Bücher).

3. Kasuistische Schriften

Responsensammlungen und Schriften, die der Diskussion zahlreicher Einzelfälle gewidmet sind, nahmen an Häufigkeit und Umfang vermutlich die erste Stelle ein. Die Schriften tragen die verschiedensten Bezeichnungen (*Digesta, Quaestiones, Responsa, Epistolae* und so weiter). Um die Einzelfälle sinnvoll zu ordnen, hielt man sich zumeist an den Aufbau des Edikts. Von diesen Werken seien nur einige wichtige genannt:

Iulian, Digesta (90 Bücher)

Papinian, Quaestiones (37 Bücher)

-, *Responsa* (19 Bücher)

Paulus, Quaestiones (26 Bücher)

-, *Responsa* (23 Bücher)

Ulpian, Disputationes (10 Bücher)

-, *Responsa* (2 Bücher)

Der Umfang der kasuistischen Literatur nimmt demnach in der späten Klassik ab. Das erklärt sich daraus, daß der Formularprozeß mittlerweile von der kaiserlichen Gerichtsbarkeit verdrängt worden und damit der Respondiertätigkeit die Grundlage entzogen worden war. Paulus und Ulpian sammeln, sichten und verwerten die Fülle der Responsen aus früheren Generationen (und das vorwiegend in ihren Kommentaren). Daraus erklärt es sich auch, daß die Kompilatoren der Digesten diese beiden Schriftsteller besonders bevorzugten. Paulus und Ulpian boten die Kasuistik in einer bereits aufgearbeiteten Form dar.

§ 17 Die Zivil- und Strafgerichtsbarkeit unter dem Prinzipat

I. Die Entstehung des Kognitionsverfahrens

Die Gerichtsbarkeit wird zu Beginn des Prinzipats von den aus der Republik überkommenen Rechtspflegeorganen ausgeübt. Der Zivilrechtspflege dient der Formularprozeß, der sich in ein Verfahren vor dem Prätor und ein Verfahren vor dem Geschworenenrichter gliedert. In Strafsachen entscheiden die Geschworenengerichtshöfe (Quästionen) unter magistratischem Vorsitz. Augustus hatte durch seine Gesetzgebung sowohl das Formularverfahren durch Abschaffung der Legisaktionen (vgl. oben § 9 III) aufgewertet als auch die Quästionen vermehrt (vgl. oben § 10 III).

Vereinzelt greift aber Augustus selbst in die Rechtspflege ein, und seine Nachfolger tun es in vermehrtem Maße. Die Kaiser gewähren Rechtsschutz in Fällen, in denen sich die ordentliche Gerichtsbarkeit infolge ihrer Bindung an das Aktionensystem daran gehindert sieht, und sie heben auf Appellation des Betroffenen auch Entscheidungen der ordentlichen Gerichte auf. Formale Grundlage für das Eingreifen der Kaiser bildete ihre *tribunicia potestas* (vgl. oben § 14 I). Die Kaiser ließen sich in diesem Bereich von ihrem rechtskundigen Konsilium beraten. Zum Teil übertrugen sie solche Maßnahmen auf kaiserliche Beamte oder auf die Konsuln. Bisweilen setzten sie für Einzelfälle auch beauftragte Richter ein. In allen diesen Fällen findet ein von Amts wegen frei gestaltetes Verfahren (*cognitio extra ordinem*) statt. Das ,Kognitionsverfahren' kennt insbesondere nicht mehr die Zweiteilung des Zivilprozesses, wie sie für das Formularverfahren charakteristisch ist.

Nachdem das Kognitionsverfahren zunächst den Formularprozeß nur ergänzt hatte, trat es im Laufe der Zeit ganz an dessen Stelle. Im Jahre 342 n. Chr. wurden die *formulae* offiziell abgeschafft.

II. Rechtsfortbildung im Kognitionsverfahren
Im Bereich des Privatrechts führt die *cognitio extra ordinem* zur Durchsetzbarkeit einiger Ansprüche außerhalb des Aktionensystems.

a) So werden zunächst die *Fideikommisse* im Kognitionsverfahren klagbar.

Damit hat es folgende Bewandtnis: Das altrömische Vermächtnis (*legatum*) konnte nur in einem förmlichen Testament enthalten sein und war in mancher Hinsicht beschränkt. Beispielsweise konnten Peregrine nicht durch ein Legat bedacht werden. So war es üblich geworden, daß die Erblasser dem eigentlichen Testament schriftliche Bitten an den Erben beifügten. Zumeist bediente man sich für solche an den Erben gerichtete Wünsche der Worte „*fidei tuae committo*" (= „ich überlasse deiner Treue"). In der Republik erwuchs aus einem solchen *fidei commissum* noch keine rechtliche Bindung des Erben. Über die weitere Entwicklung berichten die Institutionen Justinians:

(Inst. 2. 25 pr.)	
... (Lucius Lentulus) cum decederet in Africa, scripsit codicillos testamento confirmatos, quibus ab Augusto petiit per fideicommissum, ut faceret aliquid:	Als Lucius Lentulus in Afrika starb, schrieb er durch Testament bekräftigte Kodizille (vgl. § 15 II d), in denen er durch Fideikommiß Augustus bat, etwas zu tun; und
et cum divus Augustus voluntatem eius implesset, deinceps reliqui auc-	als Kaiser Augustus dessen Wille erfüllt hatte, folgten die anderen

toritatem eius secuti fideicommissa praestabant et filia Lentuli legata, quae iure non debebat, solvit.

seiner Autorität und erfüllten ebenfalls die Fideikommisse, und die Tochter des Lentulus leistete die Vermächtnisse, die sie rechtlich nicht schuldete.

Später hat Augustus Streitigkeiten aus Fideikommissen wiederholt den Konsuln zugewiesen, woraus sich eine ständige Rechtsprechung entwickelte. Unter Claudius und den folgenden Kaisern wurden eigene *praetores fideicommissarii* bestellt, die im Kognitionsverfahren über die Ansprüche aus Fideikommissen entschieden.

Erst nach der Rezeption des römischen Rechts in Deutschland (vgl. unten § 25 II) wurde die Rechtsfigur des *fidei commissum* auch dazu benutzt, die Erbfolge über Generationen hinweg abweichend vom Gesetz zu gestalten (Familienfideikommisse). Insbesondere die Familien des niederen Adels schufen sich so eigene Erbfolgeordnungen.

b) Weiterhin wurden im Kognitionsverfahren durchsetzbar *Unterhaltsansprüche* unter Blutsverwandten und *Honoraransprüche* aus Dienstleistungen höherer Art, die nach altrömischer Sitte nur auf Grund eines unentgeltlichen *mandatum,* nicht einer *locatio conductio* erbracht wurden (vgl. oben § 9 IV).

III. Die Strafrechtspflege

Die *cognitio extra ordinem* bemächtigt sich im Laufe des 1. Jahrhunderts n. Chr. auch der Strafjustiz. Hier sind es die Präfekten (*praefectus urbi, praefectus vigilum, praefectus praetorio*), die eine Polizeigerichtsbarkeit übernehmen. Der Senat fungiert als Gericht über Angehörige des Senatorenstandes. Der Kaiser bildet mit seinem Konsilium ein Appellationsgericht. Überhaupt scheint auch für das Strafverfahren *extra ordinem* der Grundsatz gegolten zu haben, daß nicht der Verhandlungsleiter, sondern ein *consilium* den Schuldspruch fällt.

Was die verhängten Strafen anbelangt, so tritt an die Stelle des Exils die Deportation (auf eine Insel) oder die Relegation (Vertreibung aus Rom, Italien oder der betreffenden Provinz). Als neue Strafe, die gegen Angehörige der unteren Stände ausgesprochen wird, kommt die Zwangsarbeit in Bergwerken oder bei öffentlichen Bauvorhaben (*condemnatio in metallum, condemnatio in opus publicum*) hinzu.

Über Einzelheiten der Strafverfolgung im Kognitionsverfahren sind wir schlecht unterrichtet. Die Quellenlage wird auch kaum dadurch besser, daß man Berichte über die Christenverfolgungen heranzieht. Aus dem Schriftwechsel zwischen Plinius dem Jüngeren (etwa 62–114 n. Chr.) als Statthalter der kaiserlichen Provinz Bithynien und Kaiser Trajan wissen wir allerdings, daß Plinius geständige Christen mit dem Tode bestrafte oder, soweit sie römische Bürger waren, nach Rom überstellte. Auf die von Plinius vorgelegten Zweifelsfragen hinsichtlich der Verfolgung von Christen antwortete Trajan:

... Conquirendi non sunt; si deferantur et arguantur, puniendi sunt, ita tamen, ut, qui negaverit se Christianum esse idque re ipsa manifestum fecerit, id est supplicando dis nostris, quamvis suspectus in praeteritum, veniam ex paenitentia impetret.	Nachspüren soll man ihnen nicht. Wenn sie angezeigt und überführt werden, sind sie zu bestrafen, mit der Einschränkung jedoch, daß derjenige, welcher verneint, ein Christ zu sein, und das durch die Tat, das heißt durch Anrufung unserer Götter, beweist, auch wenn er für die Vergangenheit verdächtig bleibt, Gnade auf Grund seiner Reue erlangt.
Sine auctore vero propositi libelli in nullo crimine locum habere debent. nam et pessimi exempli nec nostri saeculi est.	Anonyme Klageschriften dürfen bei keiner Straftat berücksichtigt werden. Denn das ist ein schlechtes Beispiel und gehört nicht in unsere Zeit.

In den letzten Worten tut Trajan also einen allgemeinen Grundsatz des Strafverfahrens kund: Auf Grund anonymer Anzeigen darf niemand verurteilt werden.

Obgleich es den Anschein haben könnte, als würde der *cognitio extra ordinem* der rechtsstaatliche Charakter der republikanischen Quästionengerichte fehlen, weisen die kaiserlichen Entscheidungen und die Äußerungen der klassischen Juristen, die ja in dieser Gerichtsbarkeit tätig waren, auch sonst manche fortschrittlichen Züge auf:

(D 48. 19. 5 pr. – *Ulpianus libro septimo de officio proconsulis* –):

Absentem in criminibus damnari non debere divus Traianus Iulio Frontoni rescripsit.	In Strafsachen darf ein Abwesender nicht verurteilt werden, so antwortete Kaiser Trajan auf eine Anfrage des Julius Fronto.
Sed nec de suspicionibus debere	Aber auch wegen eines Verdachts

aliquem damnari divus Traianus Adsidio Severo rescripsit:	darf niemand verurteilt werden, antwortete Kaiser Trajan dem Adsidius Severus,
satius enim esse impunitum relinqui facinus nocentis quam innocentem damnari.	denn es sei besser, die Tat eines Schuldigen unbestraft zu lassen als einen Unschuldigen zu verurteilen.

Die Adressaten Fronto und Severus waren vermutlich entweder als beauftragte Richter oder als Statthalter in den Provinzen mit der Entscheidung von Strafsachen betraut.

Große Bedeutung hat später die folgende Maxime gewonnen:

(D 48. 19. 18 – *Ulpianus libro tertio ad edictum* –)

Cogitationis poenam nemo patitur.	Für bloßes Denken wird niemand bestraft.

Darüber hinaus wird auf die persönliche Schuld des Täters abgestellt und die Strafe nach dem Maß der Schuld differenziert. Zwar gibt es noch nicht die Vorstellung, daß jemand nur auf Grund eines zur Zeit der Tat geltenden Strafgesetzes bestraft werden könne (*„nullum crimen, nulla poena sine lege"*). Aber die strafprozessualen Grundsätze *„ne bis in idem"* und *„in dubio pro reo"* sind in der Sache ebenso vorhanden wie der Rechtfertigungsgrund der Notwehr (*„vim vi repellere licet"*; vgl. Ulpian – Cassius D 43. 16. 1. 27). Auszüge aus der recht umfänglichen Strafrechtsliteratur der Klassik hat Justinian in den Büchern 47 und 48 der Digesten (später ,*libri terribiles*' genannt) zusammengestellt. Daran orientierte sich die europäische Strafrechtswissenschaft des hohen Mittelalters und der beginnenden Neuzeit.

§ 18 Rechtsvorstellungen und Rechtsgrundsätze im Zeitalter des klassischen römischen Rechts

Den Bestand an Rechtsnormen und Rechtsinstituten des klassischen römischen Rechts darzustellen, ist hier nicht der Ort. Auch ein bloßer Überblick läßt sich nicht geben; dazu ist das klassische Recht zu vielfältig. Es kann nur auf einige wenige Wesenszüge hingewiesen werden. Ferner sollen einzelne Entwicklungen, die sich in republikanischer Zeit angebahnt haben (vgl. oben § 12), weiterverfolgt werden.

Der Verzicht auf eine mit Quellen belegte Darstellung des klassischen römischen Privatrechts darf den Leser angesichts der eingehenden Be-

handlung des Zwölftafelrechts in § 8 nicht zu dem Schluß verleiten, das
römische Recht habe in jenem Zustand der Primitivität verharrt. Für die
hervorragende Rechtstechnik, mit der die Römer die hochdifferenzierten
wirtschaftlichen und sozialen Verhältnisse geordnet haben, mögen die in
§ 15 V behandelten Responsen und die in § 17 II skizzierte Rechtsfortbildung im Kognitionsverfahren als einige wenige und mehr zufällig ge-
wählte Beispiele dienen.

I. Rechtsschichten

a) Das Zeitalter des klassischen römischen Rechts ist zugleich das des
römischen Weltreiches. Infolge des *Personalitätsprinzips,* das die älteren
Rechte beherrscht, galt römisches Recht zunächst allein für die römischen
Bürger, dann auch für Rechtsverhältnisse, an denen mindestens ein römischer Bürger beteiligt war. Die anderen Untertanen des römischen Welt-
reichs behielten das angestammte Recht ihres Volkes bei. Namentlich in
der Gerichtsbarkeit, die von römischen Beamten in den Provinzen ausgeübt wurde, kam es zu Spannungen zwischen dem ‚Reichsrecht‘ und den
‚Volksrechten‘. Auch nach der *constitutio Antoniniana* von 212 n. Chr.
(vgl. oben § 14 III) setzte sich das römische Recht nicht überall durch.
Aus den Papyrusfunden in Ägypten sind wir davon unterrichtet, daß dort
weitgehend griechisch-hellenistisches Recht beibehalten worden ist. Gleiches dürfte für die anderen östlichen Provinzen gelten.

b) Ein Teil der Rechtssätze und Einrichtungen des römischen Rechts
blieb stets auf römische Bürger beschränkt; ein anderer Teil konnte auch
auf Peregrine Anwendung finden. Seit Cicero werden diese Teile als *ius
civile* und *ius gentium* einander gegenübergestellt. Das *ius gentium* ist
nicht etwa ‚Völkerrecht‘ oder das, was wir heute ‚Internationales Privatrecht‘ nennen. Es ist auch kein besonderes Fremdenrecht, sondern das
Recht, das sowohl auf römische Bürger als auch auf Angehörige fremder
Völker anwendbar ist:

(Gaius, Inst. 1. 1)

Omnes populi, qui legibus et mori-
bus reguntur, partim suo proprio
partim communi omnium homi-
num iure utuntur:
nam quod quisque populus ipse sibi
ius constituit, id ipsius proprium est
vocaturque ius civile, quasi ius pro-

Alle Völker, die sich von Gesetz
und Sitte leiten lassen, wenden teils
ihr eigenes Recht, teils das Recht,
das allen Völkern gemeinsam ist,
an. Denn was ein jedes Volk sich
selbst als Recht festsetzt, ist dessen
eigenes Recht und wird ‚ius civile‘

prium civitatis. quod vero naturalis ratio inter omnes homines constituit, id apud omnes populos peraeque custoditur vocaturque ius gentium, quasi quo iure omnes gentes utuntur. populus itaque Romanus partim suo proprio, partim communi omnium hominum iure utitur.

genannt, gleichsam als das eigene Recht der Bürgerschaft. Was aber die natürliche Vernunft unter allen Menschen festgesetzt hat, das wird bei allen Völkerschaften gleichermaßen beachtet und wird *ius gentium* genannt, gleichsam als das Recht, das alle Völker anwenden. Das römische Volk gebraucht daher teils sein eigenes, teils das allen Menschen gemeinsame Recht.

Zum *ius civile* rechnet Gaius zum Beispiel die *patria potestas* über Hauskinder, da eine solche Gewalt bei anderen Völkern nicht anzutreffen sei. Die *potestas* des Herrn über seine Sklaven dagegen gehört nach Gaius dem *ius gentium* an, weil es die Sklaverei bei allen Völkern gebe. Wichtigster Bestandteil des *ius gentium* waren die Rechtssätze, die sich auf die Konsensualverträge (Kauf, Miete, Pacht, Dienst- und Werkverträge und andere Verträge des Rechtsverkehrs; vgl. oben § 9 IV) bezogen.

c) Neben diesem auf die *naturalis ratio* gestützten *ius gentium* gibt es noch den engeren Begriff des *ius naturale,* von dem Ulpian D 1. 1. 1. 3 (*libro primo institutionum*) sagt:

Ius naturale est, quod natura omnia animalia docuit.

Naturrecht ist, was die Natur alle Lebewesen lehrt.

Nach Ulpian zählen dazu die Ehe, die Aufzucht und Erziehung der Kinder.

d) In der Rechtstheorie der Klassik wird auch das öffentliche Recht vom privaten Recht geschieden. Bekannt ist die Definition Ulpians in D 1. 1. 1. 2 (*libro primo institutionum*):

Publicum ius est, quod ad statum rei Romanae spectat, privatum, quod ad singulorum utilitatem.

Öffentliches Recht ist, was sich auf den römischen Staat bezieht; privates Recht, was den Nutzen einzelner betrifft.

Infolge der Abneigung der Klassiker gegen eine systembildende Begrifflichkeit spielten solche Definitionen keine allzu große Rolle. Sie blieben unscharf; Grenzüberschreitungen waren nicht selten. Zum *ius publicum* rechneten die Klassiker zum Beispiel auch die im öffentlichen Interesse von Staats wegen erlassenen Rechtssätze des Privatrechts, die durch Parteivereinbarung nicht abgeändert werden konnten.

In der Sache ist der Unterschied zwischen *ius publicum* und *ius privatum* – rückschauend betrachtet – von großer Bedeutung gewesen. Die römische Rechtswissenschaft beschäftigte sich fast ausschließlich mit dem Privatrecht. Im Staat und in der Verwaltung sah man offenbar den legitimen Wirkungsbereich der Politik, den man weder durch geschriebene Verfassungssätze noch durch das Juristenrecht einengen mochte. Ausnahmen hiervon bilden allenfalls die spätklassischen Juristenschriften über die Amtspflichten bestimmter Magistrate (,Instruktionsschriften', zum Beispiel *de officio consulis, – proconsulis, – praefecti urbi* und so weiter).

II. Prinzipien des klassischen römischen Privatrechts
Die Lösung der vielfältigen Rechtsprobleme, die mit der Ausbreitung des römischen Reiches, dem Aufblühen von Handel und Gewerbe und der Differenzierung der gesellschaftlichen Verhältnisse entstanden, ist vorwiegend das Werk der römischen Jurisprudenz. Die Anpassung an die veränderten Umstände und die Bewältigung der neuen Probleme gelangen unter Einsatz weniger Rechtsinstitute. Die Sparsamkeit in der Verwendung von Rechtsfiguren verdient ebenso hervorgehoben zu werden wie die Ablehnung von Mischformen und unklaren Gemeinschaftsverhältnissen. Im Familiengüterrecht gibt es z.B. keine verschiedenen gesetzlichen und vertraglichen Güterstände, sondern nur das Dotalsystem (vgl. oben § 12 II), und das klassische Recht kennt keine Rechtsgemeinschaft ,zur gesamten Hand', sondern nur die Bruchteilsgemeinschaft, deren Auflösung jeder Teilhaber jederzeit verlangen kann.

Man hat dem römischen Recht in neuerer Zeit den Vorwurf eines übersteigerten *Individualismus* gemacht, ja sogar die Rezeption des römischen Rechts als mitursächlich für die ,soziale Frage' des 19. Jahrhunderts angesehen. Daran ist soviel richtig, daß das klassische römische Recht den Begriff des Eigentums als eines absoluten Herrschaftsrechts hervorgebracht hat. Dabei darf aber nicht übersehen werden, daß Eigentümer auch in klassischer Zeit nur die Person *sui iuris* sein kann, daß also das Eigentum der *Familie*, nicht dem Individuum, zugeordnet bleibt. Gleiches gilt für die anderen privaten Rechte und ihre gerichtliche Geltendmachung. Vermögen, das einer Großfamilie zugeordnet ist, der die

Schul- und Berufsbildung der Nachkommen ebenso obliegt wie die Sorge
für die Kranken, Schwachen und Alten, hat eine ganz andere soziale
Funktion als das einem Individuum gehörende Vermögen (wobei die
genannten Aufgaben, die in Rom von der Familie selbst zu lösen waren,
längst vom Individuum und der Familie weg auf Staat und Gesellschaft
verlagert worden sind). Eigentum als absolutes Herrschaftsrecht muß in
der Moderne daher ganz andere wirtschaftliche und soziale Wirkungen
haben, als das in Rom der Fall war.

Im 19. Jahrhundert wurden die Rechtsbeziehungen der sich neu bil-
denden wirtschaftlichen Unternehmungen dem weitgehend römisch-
rechtlich geprägten Privatrecht unterstellt. Wenn sich das Privatrecht als
geeignet erwiesen hat, die Rechtsverhältnisse von Wirtschaftsunterneh-
men untereinander sinnvoll zu ordnen, so ist das gewiß auch dadurch
bedingt, daß die römischen Familien, für deren Beziehungen untereinander die Regeln des Privatrechts entwickelt worden waren, zugleich oft
auch Träger wirtschaftlicher Unternehmungen waren (vgl. oben § 12 I).
Andererseits ist zu bedenken, daß die für den Kapitalismus charakteristi-
schen Rechtsinstitute (Aktie, Inhaberpapiere, Wechsel, Hypothek als Ka-
pitalanlage, rechtsgeschäftliche Stellvertretung) nicht aus dem römischen
Recht stammen.

III. Entwicklungslinien im Privatrecht der Klassik
a) Die rechtliche Lage der *Sklaven* verändert sich in der Klassik formell
nicht. Doch schärft die stoische Philosophie das Gefühl dafür, daß auch
der Sklave ein Mensch ist, der nur durch ein bedauernswertes Schicksal
seine Freiheit verloren hat. In diesem Sinne äußert sich beispielsweise der
römische Staatsmann und Philosoph Seneca der Jüngere (4–65 n. Chr.) in
einem seiner Briefe (*epist.* 47). Die weite Verbreitung dieser Geisteshal-
tung verändert nicht nur die tatsächliche Lage der Sklaven, sondern veranlaßt auch die Kaiser, gegen Mißhandlungen von Sklaven einzuschrei-
ten, und gibt dem schon früher als Beweislastregel wirkenden Gedanken
favor libertatis noch größeren Raum: Auch der um die versprochene
oder letztwillig verfügte Freilassung geprellte Sklave hat nunmehr die
Möglichkeit, im Verfahren der *cognitio extra ordinem* seine Freiheit zu
erwirken.

b) Das *Familiengewaltrecht* bleibt ebenfalls unverändert. Tatsächlich
lockern sich aber die Familienbande. Die im Kognitionsverfahren geltend
zu machenden Unterhaltsansprüche (oben § 17 II) zeigen das deutlich.
Die Lockerung der Familiengewalt offenbart sich auch darin, daß nicht

mehr die Familienväter der Brautleute die Eheschließung vereinbaren, sondern daß die Brautleute selbst mit Zustimmung ihrer Gewalthaber die Ehe schließen.

c) Das *Ehe-* und *Ehegüterrecht* ist nach wie vor durch das Dotalsystem (vgl. oben § 12 II) gekennzeichnet. Da es den ärmeren Bevölkerungsschichten kaum mehr möglich ist, die Töchter ausreichend zu dotieren, geht man dazu über, die Mitgift in Stipulationsform zu versprechen, zugleich aber die Mitgiftforderung bis zum Tode des Brautvaters oder bis zur Beendigung der Ehe zu stunden *(pacta dotalia)*. Die bis zum Ende der Ehe gestundete Mitgift bildet einen Rechnungsposten, nach dem sich bei der Ehescheidung die Buße des schuldigen Teils bestimmt.

d) Im Bereich des *Erbrechts* greifen die Prätoren besonders tief in das *ius civile* ein. Sie schaffen eine eigene Erbfolgeordnung (*,bonorum possessio'*). Die klassischen Juristen nehmen sich insbesondere der Testamentsauslegung an. Auf die Umgestaltung des Vermächtnisrechts durch den Rechtsschutz für Fideikommisse ist bereits hingewiesen worden (oben § 17 II).

e) Die *Rechtsgeschäfte* der *mancipatio* (vgl. oben § 8 II 1 und III 1), *in iure cessio* (vgl. oben § 9 II 1.4) und *stipulatio* (vgl. oben § 8 I 3) erweisen sich als vielseitig verwendbar. Namentlich die *stipulatio* kann jeden beliebigen Schuldinhalt in sich aufnehmen. Mehr und mehr wird der Abschluß von Stipulationen beurkundet. Die Klassiker messen diesen Urkunden aber nur Beweiskraft zu. Sie halten daran fest, daß allein der mündliche Austausch von Frage und Antwort die Verpflichtung begründet. Beim Darlehen *(mutuum)* entsteht nach römischer Auffassung durch die Sachhingabe selbst die Verpflichtung des anderen Teils zur Rückgabe (sog. Realvertrag). Zu den Realverträgen haben die Klassiker dann auch die Leihe *(commodatum)*, die Verwahrung *(depositum)* und das Faustpfand *(pignus)* gerechnet.

Daneben sind es die mehrfach erwähnten Geschäftstypen des *ius gentium*, die dem Austausch von Gütern und Leistungen dienen. Der Kreis dieser auf die *bona fides* gegründeten Rechtsverhältnisse (vgl. oben § 9 IV) wird schrittweise erweitert. Solche Verträge können durch bloße Willensübereinstimmung (= *nudo consensu*) zustandekommen. Zu den Konsensualverträgen gehören der Kauf *(emptio venditio)*, die Verträge auf Mitführen einer Sache *(locatio conductio)*, d. h. Miete, Pacht, Werk-

und Dienstvertrag, ferner die Gesellschaft *(societas)* die man sich als eine vertragliche Nachformung der Erbengemeinschaft zu denken hat, und der Vertrag über die unentgeltliche Geschäftsbesorgung *(mandatum =* Auftrag). Für alle diese Vertragstypen entstehen in klassischer Zeit eine Fülle von Einzelregeln. Insbesondere für Leistungshindernisse und Leistungsstörungen werden von den Klassikern differenzierte Lösungen entwickelt. Die Klassiker halten aber aus Traditionsgründen daran fest, daß ein Schuldverhältnis immer nur zwei Personen *sui iuris* binden kann. So erlauben sie keine direkte rechtsgeschäftliche Stellvertretung, wie sie heute in den §§ 164 bis 181 BGB geregelt ist, und auch keinen Vertrag zugunsten Dritter (vgl. das unten § 23 III wiedergegebene Reskript des Kaisers Diocletian C 8. 38. 3; heute dagegen: §§ 328 bis 335 BGB).

In klassischer Zeit wurden im Zusammenhang mit der *condictio* beim Darlehen (vgl. oben § 9 II 3 und § 9 III a) die Regeln über die Herausgabe einer ungerechtfertigten Bereicherung und im Zusammenhang mit dem *mandatum* diejenigen über die Geschäftsführung ohne Auftrag *(negotiorum gestio;* vgl. oben § 9 III b) entwickelt, die ebenso wie das in klassischer Zeit verfeinerte Deliktsrecht die geltenden rechtlichen Regelungen vorgeprägt haben.

f) Das klassische römische Recht kennt keine öffentlichen Register. Da es an einem Grundbuch fehlt, aus dem die Grundpfandrechte ersichtlich wären, und auch die Verpfändung beweglicher Sachen nicht registriert wird, sind Pfandrechte und Grundpfandrechte für die Kreditsicherung nur beschränkt tauglich. Im Vordergrund steht der Personalkredit, für den das klassische Recht verschiedene, gut durchbildete Bürgschaftsformen zur Verfügung hält.

Vierter Teil

Die nachklassischen Entwicklungen

§ 19 Der Dominat

I. Der Übergang zum Dominat

Die Staatsform des Dominats ist nach dem Wort *dominus* (,Herr', ,Eigentümer') benannt, das die römischen Kaiser gegen Ende des 3. Jahrhunderts als Titel führen. In dieser Bezeichnung kommt die neue Stellung des Kaisers als eines absoluten Monarchen zum Ausdruck.

Der Übergang vom Prinzipat zum Dominat wird dadurch eingeleitet, daß schon in der 1. Hälfte des 3. Jahrhunderts die Nachfolgefrage immer heikler wird. Die draußen an den Grenzen des römischen Reiches stehenden Heere rufen beim Tode eines Kaisers gewöhnlich einen ihrer Anführer zum neuen Kaiser aus. Diese Soldatenkaiser sterben oft keines natürlichen Todes. Auch kommt es vor, daß mehrere Kaiser zugleich vorhanden sind und um ihre Herrschaft kämpfen. So hat Rom in den Jahren 235 bis 284 n. Chr. mehr als 30 Kaiser zu verzeichnen. Daß diese Wirren zu einer Zerrüttung der staatlichen Verwaltung und zu einem wirtschaftlichen Niedergang führen mußten, liegt auf der Hand. Insbesondere die Währungsverhältnisse gerieten in Unordnung.

Mit *Diocletian* kommt im Jahre 284 n. Chr. wieder ein kraftvoller Herrscher an die Macht, der sich nicht scheut, das römische Kaisertum offen in eine Monarchie absolutistischer Prägung umzugestalten. Diocletian, der bis 305 n. Chr. regierte, versuchte, altrömische Tugenden wiederzubeleben. In allen Teilen des Reiches führte er das Lateinische als Amtssprache ein. In gleicher Weise war er bestrebt, das klassische römische Recht in seiner Reinheit zu erhalten und in allen Teilen des Reiches durchzusetzen. Daß diesem Vorhaben kein dauernder Erfolg beschieden war, lag nicht zuletzt daran, daß die geistigen Quellen, aus denen Diocletian und die gesamte Oberschicht des Reiches schöpfen, im Hellenismus zu suchen sind. Im neuen Hofzeremoniell spiegeln sich sogar orientalische, insbesondere persische Bräuche. Auch die göttliche Verehrung des Kaisers ist für die römische Gedanken- und Gefühlswelt zumindest ungewohnt. Den Kaisern der Prinzipatszeit wurde die göttliche Verehrung offiziell erst immer nach ihrem Tode zuteil. Einer der Vorgänger Diocletians, *Aurelianus*, hatte aber bereits Münzen mit seinem Bild und der Aufschrift „*deus et dominus*" prägen lassen.

Diocletian bemühte sich auch um die Wiederherstellung einer festen Währung. Als seine Währungsreform nicht sofort den gewünschten Erfolg zeigte, erließ er ein *Höchstpreisedikt* (301 n. Chr.), in dem er einen ganzen Katalog von Waren und Dienstleistungen aufführte, für die er Höchstpreise festsetzte (sogenannter Maximaltarif; inschriftlich erhalten). Obgleich Diocletian eine Zentralverwaltung mit kaiserlichen Beamten aufgebaut hatte, war der Staat dennoch nicht effektiv genug, um solche wirtschaftspolitischen Maßnahmen auch tatsächlich durchzuführen.

Andererseits versagte der spätantike Zwangsstaat dem einzelnen jede politische Freiheit. Auch die persönlichen Entfaltungsmöglichkeiten waren unter dem Dominat stark eingeschränkt. Die Söhne wurden gezwungen, beruflich in die Fußstapfen der Väter zu treten; manche Berufe wurden in Zwangskörperschaften zusammengeschlossen; der Landpächter *(colonus)* wurde an seine Scholle gebunden. Die freie Bevölkerung zerfiel in die Gruppen der *honestiores* (Oberschicht mit strafrechtlichen Privilegien) und der *humiliores* (Unterschicht). Drückende staatliche Abgabelasten beschleunigten den wirtschaftlichen und sozialen Niedergang, wobei der Währungsverfall teilweise zu einer Rückkehr zur Naturalwirtschaft führte. Dies alles war im Westen des Reiches noch stärker spürbar als im Osten. Insgesamt war dieses Umfeld einer Fortentwicklung des Privatrechts denkbar ungünstig.

II. Diocletians Reichsverfassung

Schon bald nach seinem Amtsantritt bemühte sich Diocletian um eine neue Nachfolgeordnung. Er selbst bestellte, da er keinen eigenen Sohn hatte, seinen Kriegsgefährten *Maximian* zum Mitregenten. Diese beiden ‚*Augusti*' sollten sich je einen weiteren Mitregenten (‚*Caesar*') erwählen; nach dem Ableben oder dem Abdanken eines *Augustus*, die nach 20 Jahren zu geschehen hatte, sollte der betreffende *Caesar* an dessen Stelle treten. Diese Nachfolgeordnung erwies sich aber schon bei der Abdankung Diocletians (305 n. Chr.) als nicht durchführbar.

Eine andere mit diesem System verbundene Neuerung sollte dagegen größere Wirksamkeit entfalten, nämlich die Aufteilung des Reiches in vier Verwaltungsbezirke, von denen jeder Mitregent einen übernahm (‚Tetrarchie'). Diocletian wählte bezeichnenderweise den Osten zu seinem Verwaltungsbereich. Keiner der vier Herrscher residierte in Rom. Dadurch verlor nicht nur die Stadt Rom ihre Rolle als Zentrum des Reiches, sondern auch der Senat war fortan nahezu ohne politische Bedeutung. Konnte man den Prinzipat noch als eine Gesamtherrschaft von Kaiser und Senat deuten, so waren nunmehr der Kaiser und seine Mitregenten die alleinigen Träger der Staatsgewalt einschließlich der Gesetzgebung. Mit der Tetrarchie wurde ferner der Aufteilung des römischen Reiches in eine östliche und eine westliche Hälfte vorgearbeitet.

III. Die Reichsteilung

Nach der Abdankung Diocletians gelingt es *Konstantin,* sich noch einmal zum Alleinherrscher über das römische Reich aufzuschwingen. Konstantin, der von 306 bis 337 n. Chr. regierte, leitet durch sein *Toleranzedikt* von 313 n. Chr. die Christianisierung des römischen Staates ein. Mit der Verlegung der Residenz nach Byzanz und der Umbenennung der Stadt in *Konstantinopel* im Jahre 324 n. Chr. schuf Konstantin ein ,zweites Rom', das zum Zentrum des Ostreiches werden sollte.

Bald nach dem Tode Konstantins kommt es unter seinen Söhnen zu einer Spaltung des Reiches in einen westlichen und einen östlichen Teil. *Theodosius I.* (379 bis 395) vereinigt dann noch einmal die Macht über West- und Ostrom, bevor es zur endgültigen Reichsteilung kommt.

Mit der folgenden Übersicht sei die weitere Entwicklung kurz skizziert:

(Westrom)	(Ostrom)
Honorius (395–423)	Arcadius (395–408)
Valentinian III. (425–455)	Theodosius II. (408–450)
Romulus Augustulus (476 von dem Germanenfürsten Odovakar abgesetzt)	Marcianus (450–457)
	Leo I. (457–474)

Im Westen folgt auf die Absetzung des Romulus Augustulus die Germanenherrschaft. Mit *Theoderich* dem Großen (493–526) stellen die Goten einen bedeutenden Herrscher in Westrom. In Ostrom dagegen gelangt mit dem aus Illyrien (Serbien) stammenden *Justinian I.* (527–565) wieder ein Mann römischer Prägung auf den Thron, dem es gelingt, für wenige Jahrzehnte auch die Herrschaft über Italien und den Westen wiederzuerlangen. Dann setzen sich aber hier die Germanen (Langobarden) wieder durch. Ostrom dagegen bleibt als byzantinisches Kaiserreich bis zum Einbruch der Türken im 15. Jahrhundert bestehen.

IV. Kodifikationen

Unter Diocletian wurden die zahlreichen Kaiserkonstitutionen in zwei privaten (oder allenfalls offiziösen) Sammlungen zusammengefaßt, dem *Codex Gregorianus* und dem *Codex Hermogenianus,* wobei der letztere offenbar nur eine Ergänzung des ersteren darstellte. Von diesen beiden *Codices* sind nur Bruchstücke überliefert.

Die Reichsteilung war zunächst zwar nur als verwaltungsmäßige Teilung gedacht. Sie führte aber doch zu einem Auseinanderleben der beiden Reichsteile. Die Sprache des Westens war das Lateinische, die des Ostens das Griechische. Gleichwohl erwuchsen aus der Reichsteilung nicht solche Zustände, wie sie die Teilung eines Staates in der Moderne regelmäßig zur Folge hat. Immerhin gab es noch gemeinsame Gesetzgebungsakte in Ost- und Westrom.

Eine amtliche Sammlung der Kaiserkonstitutionen durch Theodosius II. nach dem Vorbild der *Codices Gregorianus* und *Hermogenianus* wurde zunächst im Osten verkündet, von Valentinian III. für den Westen übernommen und für beide Reichsteile zum 1. 1. 439 in Kraft gesetzt. Dieser *Codex Theodosianus* umfaßt 16 Bücher, die in einzelne Titel gegliedert sind. Innerhalb der Titel sind die Konstitutionen (über 3000 an der Zahl) chronologisch geordnet. Längere Konstitutionen sind im Mittelalter in Paragraphen unterteilt worden. Zitiert wird der fast vollständig erhaltene *Codex Theodosianus* (abgekürzt: CT odr C. Th.) nach Buch, Titel, Konstitution und (gegebenenfalls) Paragraph. Das Zitat CT 3.5.6.3 bedeutet also: Codex Theodosianus, Buch 3, Titel 5, *constitutio* 6, Paragraph 3. Die maßgebliche moderne Ausgabe stammt von *Th. Mommsen* und *P. M. Meyer* (Nachdruck 1954).

V. Das Verhältnis zur Klassik

In die Privatrechtspflege griffen die Kaiser durch Gesetze ein, in denen sie Richtlinien für die Verwertung der klassischen Rechtsliteratur festlegten. *Konstantin* setzte 321 die *notae* des Paulus und Ulpian zu den Quaestionen und Responsen des Papinian außer Kraft (sogenanntes *Kassiergesetz;* CT 1. 4. 1). Ferner sah sich Konstantin veranlaßt, die Geltung der Schriften des Paulus einschließlich der *Pauli Sententiae* (vgl. oben § 16 IV) in einer Konstitution hervorzuheben (CT 1. 4. 2).

Ein *‚Zitiergesetz'* von Theodosius II. und Valentinian III. aus dem Jahre 426 n.Chr. (CT 1. 4. 3) stellt den stärksten Eingriff dieser Art dar. Als zitierfähig gelten fortan nur die Schriften von Papinian, Paulus, Ulpian, Modestin und Gaius. Gehen die Meinungen der Betreffenden auseinander, entscheidet die Mehrheit. Bei Stimmengleichheit gibt die Meinung Papinians den Ausschlag; äußerte sich Papinian zu einer geteilten Meinung nicht, so ist der Richter frei, einer der beiden Auffassungen zu folgen. Umstritten ist, ob das Zitiergesetz daneben auch die Heranziehung der von den ‚zitierfähigen‘ Juristen ihrerseits genannten klassischen Juristen erlaubte, oder ob ein entsprechender Passus des Zitiergesetzes nicht eine spätere Zutat darstellt. Wie dem auch sei, das Zitiergesetz spricht eine deutliche Sprache. Es offenbart sich in ihm der Niedergang der Rechtskultur unter dem Dominat.

§ 20 Das Vulgarrecht

I. Rechtsfortbildung in der Nachklassik
Nach dem Ende der Klassik folgt die Rechtsfortbildung keiner einheitlichen Linie mehr. In der Rechtspraxis des Ostens setzen sich weitgehend die einheimischen Volksrechte, die mit einigen römisch-rechtlichen Elementen verbunden werden, wieder durch. Im Westen wird ein ‚Vulgarrecht‘ praktiziert, das auf dem überkommenen klassischen Recht beruht, aber auf dessen Feinheiten verzichtet. Auch im Osten trifft man eine solche Vulgarisierung an. Dort aber wirkt eine in den Rechtsschulen gepflegte ‚klassizistische‘ Tendenz (vgl. unten § 21) der Vulgarisierung entgegen.

Die Vulgarisierung setzt damit ein, daß die klassischen Juristenschriften in den Jahren zwischen 250 und 330 n. Chr. nur noch schlecht überliefert werden. Ein Teil geht verloren, ein anderer Teil wird von Bearbeitern entstellt. In den oben (§ 16 IV) erwähnten *Pauli Sententiae, Ulpiani Regulae, Fragmenta Vaticana* und ähnlichen Schriften besitzen wir Beispiele für solche Bearbeitungen. Der verhältnismäßig neue Wissenschaftszweig der ‚Textstufenforschung‘ versucht, Licht in das Dunkel der Handschriftenüberlieferung zu bringen.

Ein Fortschreiten der Vulgarisierung lassen die Rechtsaufzeichnungen erkennen, die in den Germanenreichen für die römischen Untertanen angefertigt worden sind. Die wichtigste Quelle dieser Art ist die von dem Westgotenkönig Alarich II. im Jahre 506 n. Chr. erlassene *lex Romana Visigothorum,* die auch *Breviarium Alarici* genannt wird. Die *lex Romana Visigothorum* enthält unter anderem einen bearbeiteten Auszug aus den drei ersten Büchern der Institutionen des Gaius (‚*epitome Gai*‘).

II. Die Eigenart des Vulgarrechts

Art und Umfang der Abweichungen des Vulgarrechts von den klassischen Prinzipien lassen sich am Beispiel des Personengewaltrechts aus einer Gegenüberstellung der betreffenden Texte der Institutionen des Gaius und der *epitome Gai* erkennen:

Gaius, Inst. 1. 48–52:

(48) Sequitur de iure personarum alia divisio. Nam quaedam personae sui iuris sunt, quaedam alieno iuri sunt subiectae.

(48) Es folgt eine andere Einteilung des Personenrechts: Manche Personen sind nämlich eigenen Rechtes, manche sind fremdem Recht unterworfen.

(49) Sed rursus earum personarum, quae alieno iuri subiectae sunt, aliae in potestate, aliae in manu, aliae in mancipio sunt.

(49) Von den Personen wiederum, die fremdem Recht unterworfen sind, stehen die einen in der *potestas*, die anderen in der *manus*, wieder andere im *mancipium*.

(50) Videamus nunc de iis quae alieno iuri subiectae sint; nam si cognoverimus quae istae personae sint, simul intellegemus quae sui iuris sint.

(50) Wir wollen nun diejenigen betrachten, die fremdem Recht unterworfen sind. Wenn wir nämlich erkannt haben, welche jene Personen sind, wissen wir zugleich, welche eigenen Rechtes sind.

(51) Ac prius dispiciamus de iis qui in aliena potestate sunt.

(51) Und zuerst wollen wir von denen sprechen, die in fremder *potestas* stehen.

(52) In potestate itaque sunt servi dominorum. Quae quidem potestas iuris gentium est; nam apud omnes peraeque gentes animadvertere possumus dominis in servos vitae necisque potestatem esse; et quodcumque per servum adquiritur, id domino adquiritur.

(52) In der *potestas* ihrer Herren sind die Sklaven. Diese Art der Gewalt gehört dem *ius gentium* an; denn bei allen Völkern können wir feststellen, daß die Herren über die Sklaven die Gewalt über Leben und Tod haben. Und was immer durch einen Sklaven erworben wird, das wird dem Herrn erworben.

Epitome Gai, 1. 3 pr. – 1:

De iure personarum.	Über das Personenrecht
Aliquae personae sui iuris sunt, aliquae alieno iuri subiectae sunt.	Manche Personen sind eigenen Rechtes, manche sind fremdem Recht unterworfen.

Itaque cum ostenditur, quae personae alieno iuri subiectae sint, tunc evidenter agnoscitur quae sui iuris sint.	Wenn daher dargetan wird, welche Personen fremdem Recht unterworfen sind, dann wird offenkundig erkennbar, welche eigenen Rechtes sind.

In potestate itaque dominorum sunt servi; quam potestatem omnes gentes habere certum est.	In der *potestas* ihrer Herren stehen die Sklaven. Diese Art der Gewalt kennen, wie feststeht, alle Völker.

Die klassischen Unterscheidungen zwischen *potestas* (Macht über Hauskinder und Sklaven), *manus* (Macht über die Ehefrau) und *mancipium* (zeitweilige Gewalt über ein fremdes Hauskind) sind geschwunden. Nur die *potestas* über Sklaven ist noch praktisch. Auf den Hinweis, daß die Sklaverei bei allen Völkern vorkomme, verzichtet die *epitome Gai* nicht. Aber die Subsumption der Sklaverei unter das *ius gentium* (vgl. oben § 18 I) unterbleibt. Der Gegensatz *ius civile* – *ius gentium* war entfallen.

Die Vulgarisierung des klassischen römischen Rechts bedeutet im allgemeinen eine Verflachung; nur selten bringt sie einen Fortschritt.

So verliert das Aktionensystem seine Schärfe, was einen Schritt auf die Vertragsfreiheit hin bedeutet. Der Formalismus, wie er bei der *mancipatio* und der *stipulatio* anzutreffen war, weicht der Schriftform. Es entfällt nicht nur der Gegensatz zwischen *ius civile* und *ius gentium,* sondern auch der zwischen *ius civile* und *ius honorarium* (vgl. oben § 9 I 2). Zugleich verwischt sich der Unterschied zwischen Eigentum und Besitz (vgl. oben § 9 I 2).

Unter dem Einfluß des Christentums bahnt sich eine ethische Durchdringung des Rechts an. Oft wird auf die Gesinnung, den *animus*, abgestellt. Dem Billigkeitsrecht *(ius aequum)* wird der Vorzug vor dem strengen Recht *(ius strictum)* gegeben.

Übrigens stammt aus dem Vulgarrecht die dreißigjährige Verjährungsfrist des geltenden Rechts (§ 195 BGB); sie wurde für die *praescriptio longi temporis* im Codex Theodosianus (CT 4. 14. 1) festgelegt.

§ 21 Die Rechtsschulen im Osten des Reiches

I. Entstehung und Bedeutung der Rechtsschulen

Im Osten des Reiches wird in der Zeit des Dominats das klassische Recht in Rechtsschulen, die jetzt richtige Unterrichtsanstalten sind, weitergepflegt. Besondere Bedeutung hatte die Rechtsschule von *Berytos,* dem heutigen Beirut. Dort hatte Augustus die Veteranen zweier römischer Legionen angesiedelt. Seitdem bestand dort inmitten einer orientalisch-hellenistischen Umwelt eine römische Kolonie, die nach römischem Recht lebte. Daß in Beryt schon um die Mitte des 3. Jahrhunderts römisches Recht gelehrt wurde, läßt sich daraus erschließen, daß Diocletian einigen Jura-Studenten von Beryt Befreiung von Steuerleistungen an ihre Heimatgemeinden bewilligte. Im 5. Jahrhundert hatte Beryt eine festgefügte Juristenfakultät mit besoldeten Professoren und einem festen Stu-

dienplan. Der Rechtsunterricht bestand in der Lektüre der Klassikerschriften und dem Studium der Kaiserkonstitutionen. Er umfaßte fünf
Jahreskurse.

Im 5. Jahrhundert wurde von Staats wegen eine entsprechende Schule
in Konstantinopel ins Leben gerufen. Dies ist um so verwunderlicher, als
Konstantinopel völlig hellenisiert war, während Beryt immerhin einen
römischen Bevölkerungsteil hatte. Solche Schulen scheint es auch andern-
orts gegeben zu haben. Justinian sah sich zum Beispiel veranlaßt, die
Rechtsschule von Alexandrien zu schließen.

In diesen Lehranstalten wurde das klassische römische Recht in einer
Umwelt gelehrt, in der dieses Recht nicht praktiziert wurde und wegen
der andersartigen Verhältnisse auch gar nicht unverändert anwendbar
war. Dennoch hielt man in einer Art ‚Klassizismus‘ an den alten Auffassungen fest. Es handelt sich also um eine etwas weltfremde Gelehrsam-
keit, die in den Rechtsschulen des Ostens betrieben wurde. Der Absol-
vent einer solchen Schule war aber durch die Lektüre der Klassikerschriften im juristischen Denken bestens geschult. Daran mag es liegen, daß der
Schulbetrieb nicht zum Erliegen kam.

Die oströmischen Rechtsschulen bereiteten der Kodifikation des römischen Rechts durch Justinian den Boden, indem sie die Klassikerschriften
nicht der Vergessenheit anheimfallen ließen.

II. Literarische Zeugnisse

Von den literarischen Erzeugnissen der oströmischen Schuljurisprudenz
sind nur zwei Zeugnisse erhalten geblieben, die *Scholia Sinaitica* und das
syrisch-römische Rechtsbuch.

Die *Scholia Sinaitica* sind Bruchstücke eines in griechischer Sprache
verfaßten Kommentars zum Sabinuskommentar Ulpians, die im Kloster
des Sinai-Berges gefunden worden sind. Entstanden ist das Werk wohl im
5. Jahrhundert.

Bei dem *syrisch-römischen Rechtsbuch* handelt es sich um eine zusam-
menfassende Darstellung römischen Rechts an Hand von Kaiserkonstitutionen, die Ende des 5. Jahrhunderts in griechischer Sprache verfaßt
wurde. Das Original ist verlorengegangen. Nur aus Übertragungen in
orientalische Sprachen ist uns das Werk bekannt.

Fünfter Teil

Die justinianische Kodifikation

§ 22 Die Entstehung der justinianischen Kodifikation

I. Justinians Ziele

Der oströmische Kaiser *Justinian* (527 bis 565) verfolgte hochgesteckte Ziele mit großer Tatkraft. Nach außen ging es ihm um die Wiederaufrichtung des ungeteilten *imperium Romanum*. Diesem Ziel kam er durch die Eroberung weiter Teile des Westreiches recht nahe. In der Innenpolitik regelte Justinian das Verhältnis von Kirche und Staat in seinem Sinne neu (‚Cäsaropapismus‘). Seinen Einfluß auf die Kirche machte er zur Beseitigung dogmatischer Spaltungen geltend. Von der Bautätigkeit unter Justinian legt die ‚Hagia Sophia‘ in Konstantinopel ein beredtes Zeugnis ab.

Das *Rechtswesen* versuchte Justinian zunächst durch eine amtliche Sammlung der seit Hadrian erlassenen Kaiserkonstitutionen neu zu ordnen. Bei dieser Sammlung sollten auf Veranlassung Justinians Widersprüche ausgeglichen werden und eine Anpassung an die Praxis der Zeit unter Wahrung der Tradition erfolgen.

Mit diesem Vorhaben mußte Justinian auf Hindernisse stoßen. Einmal waren die Kaiserkonstitutionen in lateinischer Sprache verfaßt, während die Sprache des Ostens das Griechische war. Zumindest die frühen Kaiserkonstitutionen wurzelten im *klassischen* römischen Recht; ihre Begrifflichkeit war der hellenistischen Rechtspraxis des Ostens fremd. Eine Vorstellung von den Schwierigkeiten, die eine solche Gesetzgebung hervorrufen mußte, vermittelt ein vielleicht etwas gewagter Vergleich: Wenn beispielsweise der deutsche Gesetzgeber der Gegenwart die Ordonnanzen der französischen Könige des 17. und 18. Jahrhunderts zum geltenden Recht erheben wollte, so würde das an den Sprachschwierigkeiten, der mangelnden Kenntnis der damaligen Rechtsinstitute und der Verschiedenheit der staatlichen, wirtschaftlichen und gesellschaftlichen Verhältnisse scheitern.

Justinian wollte die Schwierigkeiten beseitigen, indem er einerseits Übersetzungen des lateinischen Textes ins Griechische gestattete, ande-

rerseits den gesammelten Kaiserkonstitutionen eine Sammlung von Auszügen aus den klassischen Juristenschriften („Digesten') und ein Lehrbuch des römischen Rechts („Institutionen') beigab. Auch in diesen beiden Teilen seines Gesetzgebungswerkes ließ er Widersprüche beseitigen
und Anpassungen an die Rechtslage seiner Zeit vornehmen. Schließlich
mußte er nach Abschluß dieser Gesetzgebung durch eine Reihe weiterer,
zumeist in griechischer Sprache oder zweisprachig verfaßter Konstitutionen die Regelungen ergänzen, Zweifelsfragen klären und das Recht weiter
der Praxis annähern („leges novellae').

Daß Justinian eine Sammlung klassischer Juristenschriften veranstal-
tete und ein amtliches Lehrbuch des römischen Rechts in Anlehnung an
die Institutionen des Gaius verfassen ließ, ist ebenfalls erstaunlich genug:
Der in Konstantinopel residierende christliche Kaiser Justinian läßt das
Recht der heidnischen Juristen Roms aufzeichnen und für seine Untertanen in Geltung setzen. Dem liegt eine geistige Haltung zugrunde, die man
als „Klassizismus' bezeichnen kann. Vielleicht war aber die Wiederbelebung des klassischen Rechts einfach notwendig, um die praktische Anwendung der Kaiserkonstitutionen im Gesamtreich, von der Justinian
nicht wieder Abstand nehmen wollte, überhaupt erst zu ermöglichen.

II. Das Gesetzgebungswerk

a) Für die Sammlung der Kaiserkonstitutionen berief Justinian im Jahre
528 eine Kommission von 10 hohen Beamten, darunter *Tribonian,* der
später die Leitung des Gesetzgebungswerks übernahm, und *Theophilus,*
der zugleich an der Rechtsschule von Konstantinopel lehrte. Die Kommission stellte aus den Codices Gregorianus, Hermogenianus und Theodosianus und den danach noch ergangenen Konstitutionen einen *Codex*
zusammen, der im Jahre 529 mit Gesetzeskraft verkündet wurde. Alle
darin nicht aufgenommenen Konstitutionen traten außer Kraft. Dieser
erste Codex Justinians ist nicht erhalten, ebensowenig eine amtliche Pu-
blikation des Jahres 530, durch die 50 Streitfragen aus dem Bereich dieses
Codex entschieden wurden *(quinquaginta decisiones).*

b) Im Jahre 530 setzte Justinian eine neue Kommission zur Sammlung
von repräsentativen Auszügen aus klassischen Juristenschriften ein. Sie
bestand aus *Tribonian* als Vorsitzendem, vier Professoren (je zwei aus
Beryt und Konstantinopel), einem hohen Staatsbeamten und elf Anwäl-
ten. Die 50 Bücher umfassende Sammlung war schon im Jahre 533 fertiggestellt und wurde unter der lateinischen Bezeichnung *„Digesta'* („Zusam-
mengestelltes') und dem entsprechenden griechischen Namen *„Pandectae'*

(‚Allumfassendes‘) gegen Ende des Jahres 533 in Kraft gesetzt. Die ‚Kompilatoren‘ der Digesten haben Auszüge aus den Werken von ungefähr 40 Schriftstellern zusammengestellt. Aus republikanischer und nachklassischer Zeit stammen nur wenige Stücke; das allermeiste entstammt der klassischen Periode der römischen Rechtswissenschaft. Ungefähr ein Drittel des Gesamtwerks ist den Schriften Ulpians, etwa ein Sechstel bis ein Fünftel den Schriften des Paulus entnommen.

Nach Inkrafttreten der Digesten wurden die Originalschriften der Klassiker in Ostrom nicht mehr benutzt.

c) Eine andere Kommission, bestehend aus *Tribonian* und den Rechtslehrern *Theophilus* und *Dorotheus*, hatte den Auftrag, ein amtliches Lehrbuch zu verfassen. Dieses Lehrbuch wurde ebenfalls im Jahre 533 fertiggestellt und erlangte zusammen mit den Digesten Gesetzeskraft. Dieser Teil des Gesetzgebungswerks Justinians wurde nach seiner Vorlage, den Institutionen des Gaius, *‚Institutionen‘* genannt. Die Institutionen umfassen vier Bücher, die aber anders als die Institutionen des Gaius in Titel eingeteilt sind.

d) Danach wurde der *Codex*, die Sammlung der Kaiserkonstitutionen, nochmals überarbeitet. Es mußten die *quinquaginta decisiones* und neuere Konstitutionen Justinians eingearbeitet und die Sammlung mit den Institutionen und Digesten in Einklang gebracht werden. Auch hieran arbeitete eine Kommission unter dem Vorsitz Tribonians. Das Ergebnis ihrer Arbeit ist der zwölf Bücher umfassende *Codex repetitae praelectionis* (Codex ‚zweiter Lesung‘), der im Jahre 534 publiziert wurde. Zum Unterschied vom Codex Theodosianus und anderen Codices wird er als Codex Justinianus bezeichnet.

e) Nach Abschluß dieses Gesetzgebungswerks hat Justinian, wie bereits erwähnt, noch verschiedentlich durch Einzelgesetze *(leges novellae)* in die Rechtsordnung eingegriffen. Die Novellen sind nie in einer amtlichen Sammlung zusammengefaßt worden; wohl aber gibt es einige private Sammlungen.

III. Die Textüberlieferung

Justinian hatte sein Gesetzgebungswerk nach der Eroberung Italiens auch dort eingeführt. Wie es scheint, konnte er damit das Vulgarrecht aber nicht verdrängen. Die Institutionen und der Codex blieben bekannt, die Digesten dagegen gerieten in Vergessenheit. Die Novellen waren in einer von dem Rechtslehrer Julian in Konstantinopel noch unter Justinian verfaßten lateinischen Übersetzung *(epitome Iuliani)* bekannt.

Der im 11. Jahrhundert gegründeten Rechtsschule von Bologna ist die Wiederbelebung des Digestentextes zu verdanken. Die Digestenhandschriften des hohen Mittelalters (Vulgathandschriften) stammen von einem heute nicht mehr vorhandenen Codex S (ecundus) ab. Dieser beruht seinerseits auf einer Handschrift, die sich heute in Florenz befindet und darum Florentina heißt. Die Bologneser Rechtsschule stieß ferner auf eine andere, gegenüber der *epitome Iuliani* etwas vollständigere lateinische Sammlung der Novellen, die man irrtümlich für den Originaltext hielt und ,*Authenticum*' nannte. Die wirklich authentische Fassung wurde aber in einer griechischen Novellensammlung im Osten überliefert.

Erst im Zeitalter des Humanismus bemühte man sich, die durch die handschriftliche Überlieferung oft verderbten Texte der justinianischen Gesetzgebung wiederherzustellen. Eine oft benutzte kritische Textausgabe stammt von *Dionysius Gothofredus* (erstmals 1583). Erst in der Gothofredus-Ausgabe erhielt Justinians Kodifikation die Bezeichnung ,*Corpus Iuris*'.

Die maßgebende moderne Gesamtausgabe des Corpus Iuris stammt von *Mommsen, Krüger, Schoell* und *Kroll*. Der erste Band dieser vielfach aufgelegten und auch fotomechanisch nachgedruckten Gesamtausgabe umfaßt die Institutionen (bearb. von *P. Krüger)* und die Digesten (bearb. von *Th. Mommsen*). Dieser Edition liegt ihrerseits die zweibändige Digestenausgabe *Mommsens* von 1870 zugrunde, die vor allem Bedeutung für die Textkritik hat. Ferner wird im *Vocabularium Iurisprudentiae Romanae* (VIR) stets auf die zweibändige Ausgabe unter Angabe von Seite und Zeile verwiesen. Hinweise auf den ersten Band sind nicht besonders gekennzeichnet; auf den zweiten Band wird durch einen Strich über der Zeilenangabe hingewiesen. Ein im VIR zu findendes Zitat zum Beispiel Paul. 290.[3] bedeutet also: *Mommsen*, große Digestenausgabe, Band 1, Seite 290, Zeile 3 (= Paul. D 9. 2. 40).
Ulp. 222.[5] heißt: Band 2, S. 222, Zeile 5 (= Ulp. D 35. 3. 1).
In der Gesamtausgabe von *Krüger-Mommsen* sind Seite und Zeile der zweibändigen Ausgabe *Mommsens* jeweils am Rande notiert.

Der zweite Band der modernen Gesamtausgabe des Corpus Iuris enthält den Codex (bearb. von *P. Krüger*). Im dritten Band haben *Schoell* und *Kroll* die 168 Novellen der griechischen Novellensammlung im Urtext wiedergegeben, daneben die lateinische Fassung des *Authenticum* und eine moderne lateinische Übersetzung. Die Novellen werden heute nach der laufenden Nummer dieser Ausgabe (gegebenenfalls unter Angabe von Kapitel und Paragraph) zitiert. Zur Zitierweise von Institutionen, Digesten und Codex vgl. unten § 23.

IV. Das Schicksal der Kodifikation

Justinian wollte ein Wiederaufleben alter Streitfragen verhindern. Da er sich in dem Glauben wiegte, durch seine Kodifikation alle Streitfragen erledigt zu haben, verbot er, die Digesten zu kommentieren. Nur wortgetreue Übersetzungen, Hinweise auf Parallelstellen *(paratitla)* und Inhaltsübersichten *(indices)* sollten erlaubt sein.

Wohl noch zu Lebzeiten Justinians wurde sein Kommentierungsverbot dadurch umgangen, daß man statt des Digestentextes die *paratitla* und *indices* kommentierte. Die griechischen Kommentare wurden zu Beginn des 7. Jahrhunderts von einem unbekannten Autor (‚Anonymus‘) zusammengefaßt und einer von ihm verfaßten Digestensumme als Kettenkommentar beigegeben. Diese Arbeit bildete die Grundlage für eine von Basilius I. geplante und von Leo VI. (886 bis 911) vollendete griechische Zusammenfassung des Corpus Iuris: die *Basiliken*. Dem Basilikentext (60 Bücher) wurden wieder der alte Kettenkommentar und neuere Erläuterungen (sogenannte *Scholien*) hinzugefügt. In dieser Form ist uns das Werk erhalten. Für die oströmische Praxis war es gleichwohl noch zu umfangreich. Erst einer Kurzfassung des Richters *Harmenopoulos* in 6 Büchern (‚Hexabiblos‘) um die Mitte des 14. Jahrhunderts war der Erfolg einer beständigen praktischen Anwendung (in Griechenland bis 1941) beschieden.

§ 23 Die einzelnen Teile des Corpus Iuris

I. Die Institutionen

Die 4 Bücher der Institutionen gliedern sich, wie erwähnt, in einzelne Titel auf. Längere Titel sind im Mittelalter in Paragraphen unterteilt worden. Dabei hat man jeweils den ersten Abschnitt eines Titels als Vorspruch *(principium)* angesehen und dann erst mit der Zählung der Paragraphen begonnen. Der mit der Zahl 1 benannte Paragraph ist also in Wahrheit der zweite Abschnitt eines Titels. Dies beruht darauf, daß die Schreiber bei einem Absatz nicht eine neue Zeile beginnen ließen, sondern als *signum sectionis* (‚Unterteilungszeichen‘) ein *ss*, aus dem sich das Paragraphenzeichen entwickelte, einfügten. Darum heißt erst der zweite Textabschnitt: § 1.

Die moderne (,philologische') Zitierweise schreitet von der größeren zur kleineren Einheit fort. Danach bedeutet also·I (oder Inst.) 3. 13 pr.: Institutionen, Buch 3, Titel 13, *principium*. Ein Textbeispiel möge dies verdeutlichen:

Institutionen, Buch 2, Titel 2

De rebus incorporalibus	Über unkörperliche Gegenstände
Quaedam praeterea res corporales 1 sunt, quaedam incorporales. Corporales hae sunt, quae sui natura tangi possunt; veluti fundus, homo, vestis, aurum, argentum et denique aliae res innumerabiles.	*(principium:)* Ferner sind bestimmte Gegenstände körperliche Gegenstände, andere sind unkörperliche Gegenstände. (§ 1:) Körperliche Gegenstände sind diejenigen, die ihrer Beschaffenheit nach angefaßt werden können: wie zum Beispiel ein Grundstück, ein Sklave, Gold, Silber und unzählige andere Dinge.
2 Incorporales autem sunt, quae tangi non possunt. Qualia sunt ea, quae in iure consistunt: sicut hereditas, ususfructus, obligationes quoquo modo contractae …	(§ 2:) Unkörperliche Gegenstände sind solche, die nicht angefaßt werden können. So beschaffen sind die Rechte, wie die Erbenstellung, der Nießbrauch und Schuldverhältnisse aller Art …

Der Text stammt aus Gaius, Inst. 2. 12–14. In der Ausgabe von Mommsen-Krüger (s. oben § 22 III) sind solche von Gaius übernommenen Passagen durch die Zeichen ├ ┤, justinianische Zusätze durch die Zeichen < > kenntlich gemacht.

II. Die Digesten

Die 50 Bücher der Digesten oder Pandekten sind in Titel untergegliedert. Nur der Titel ,De legatis et fideicommissis' (,Über Vermächtnisse und Fideikommisse') erstreckt sich über 3 Bücher der Digesten (Buch 30 bis Buch 32). Die Reihenfolge der Titel lehnt sich an den Aufbau des prätorischen Edikts an.

Die einzelnen Auszüge aus den Klassikerschriften, ,Fragmente' oder ,leges' genannt, sind innerhalb der Titel fortlaufend numeriert. Größere *leges* sind seit dem Mittelalter in *principium* und Paragraphen unterteilt.

D 24. 3. 66 pr. heißt also: Digesten, Buch 24, Titel 3, Fragment (oder *lex*) 66, *principium*. (Text s. oben § 15 V).

D 50. 17. 173. 3 bedeutet: Digesten, Buch 50, 17. Titel, *lex* 173, Paragraph 3 (Text oben § 9 III).

Im Mittelalter wurden die Digesten mit dem Zeichen ‚ff' abgekürzt (wahrscheinlich ein verballhorntes π von ‚*pandectae*'; nach anderer Ansicht ein durchquertes *D* von ‚Digesta'). Von daher stammt die Redewendung „Etwas aus dem ff. kennen". In der Tat hatten die mittelalterlichen Juristen erstaunliche Textkenntnisse. Titel und Fragment wurden nicht mit einer Zahl, sondern mit der Titelrubrik und den Anfangsworten des Fragments bezeichnet. Das Buch wurde überhaupt nicht genannt. Die Zitate lauteten etwa wie folgt: *l. In his reb. ff. soluto matrim.* = *lex* 66 D 24. 3 = D 24. 3. 66. (Text oben § 15 V). Um die auf diese Weise angegebenen Stellen im Corpus Iuris aufzufinden, benötigt man einen Index der Wortanfänge der einzelnen *leges*, wie er beispielsweise der Ausgabe des Corpus Iuris von Gothofredus (vgl. oben § 22 III) beigegeben ist. Ein moderner Leges-Index ist 1967 im Rahmen des Sammelwerkes IRMAE erschienen.

Jedem Digestenfragment ist entsprechend einer Anweisung Justinians die Angabe derjenigen Schrift vorausgeschickt, aus der es entnommen worden ist (sogenannte *inscriptio*).

Eine willkürlich herausgegriffene Textprobe (D 41. 2. 11–13) möge auch hier als Anschauungsbeispiel dienen:

D. 41. 2 *de adquirenda vel amittenda possessione* (= Über den Erwerb und den Verlust des Besitzes)

11 Paulus libro sexagensimo quinto ad edictum	(Fragment 11:) *Paulus im 65. Buch seines Ediktskommentars*
Iuste possidet, qui auctore praetore possidet.	Zu Recht besitzt, wer auf Veranlassung des Prätors im Besitz ist.
12 Ulpianus libro septuagensimo ad edictum	(Fragment 12:) *Ulpian im 70. Buch seines Ediktskommentars*
Naturaliter videtur possidere is, qui	(*principium:*) Natürlichen Besitz
1 usum fructum habet. Nihil commune habet proprietas cum possessione: et ideo non denegatur ei interdictum uti possidetis, qui coepit rem vindicare: non enim videtur possessioni renuntiasse, qui rem vindicavit.	hat der Nießbraucher. (§ 1) Eigentum und Besitz haben nichts gemeinsam: Und deshalb wird dem, der die Sache mit der Eigentumsklage herauszuverlangen versucht, der Besitzschutz nicht versagt. Denn wer die Sache mit der Eigentumsklage herausver-

13 Idem libro septuagensimo secundo ad edictum

Pomponius refert, cum lapides in Tiberim demersi essent naufragio et post tempus extracti, an dominium in integro fuit per id tempus, quo erant mersi. ego dominium me retinere puto, possessionem non puto ...

(1) ...

(Es folgen die §§ 1–13 des Fragments.)

langt, verzichtet nicht auf den Besitz.
(Fragment 13:) *Derselbe (= Ulpian) im 72. Buch seines Ediktskommentars*
(principium:) Pomponius erörtert die Frage, ob dann, wenn Steine durch einen Schiffbruch im Tiber versinken und nach einiger Zeit herausgeholt werden, das Eigentum während der Zeit, in der sie versunken waren, unverändert geblieben ist. Ich glaube, daß ich das Eigentum, nicht aber den Besitz behalten habe ...

Die Arbeit der Kompilatoren ist sozusagen ‚zurückgespult‘ worden von *Otto Lenel*, indem er die Digestenfragmente nach Autor, Werk und Buch zusammengestellt hat. Das Ergebnis ist die zweibändige *Palingenesia iuris civilis* (1889; Nachdruck 1962). Damit sind die Klassikerschriften nicht völlig rekonstruiert worden. Aber manches Fragment, das die Kompilatoren in einen anderen Zusammenhang gestellt haben, erscheint in der Palingenesie Lenels in seinem ursprünglichen Kontext. Eine Palingenesie in Kurzform, nämlich durch Angabe der Fundstellen, bietet der dem 1. Band der Gesamtausgabe des Corpus Iuris von Krüger-Mommsen beigegebene *Index librorum ex quibus digesta compilata sunt.*

III. Der Codex

Der Codex *(repetitae praelectionis)* enthält Kaiserkonstitutionen von Hadrian bis Justinian, also aus rund vier Jahrhunderten. Die zwölf Bücher des Codex sind in Titel aufgeteilt, innerhalb der Titel sind die zumeist lateinischen Konstitutionen chronologisch geordnet. Längere Konstitutionen sind seit dem Mittelalter in *principium* und Paragraphen unterteilt. Die moderne Zitierweise des Codex ist ähnlich wie die der Digesten.

C (oder CJ oder Cod. J.) 4. 48. 2. 2 bedeutet daher: Codex, Buch 4, Titel 48, *constitutio* 2, Paragraph 2.

Jede Konstitution hat eine *Inskription,* in der der Name des Kaisers und seine Ehrentitel *(Imp. = Imperator, A. = Augustus, C = Caesar)* sowie der Name des Adressaten angegeben werden. Fast immer ist auch eine *Subskription* vorhanden, in der das Jahr des Erlasses durch Angabe der Konsuln und oft auch das genaue Datum verzeichnet sind. Hierbei bedeuten *D (= data)* den Erlaß, *S (= subscripta)* die Unterzeichnung und *PP (= proposita)* den Aushang der Konstitutionen. In den modernen Ausgaben ist die Jahreszahl in eckigen Klammern beigefügt, zum Beispiel [a. 259].

Auch hier sei zur Verdeutlichung eine kurze Textprobe (C 8. 38. 1–3) angeführt:

C. 8. 38: *De inutilibus stipulationibus* (Über die Unwirksamkeit von Stipulationen)

1 Imp. Antoninus A. Paulino

(1. Konstitution:) *Kaiser Antoninus* (Caracalla) *an Paulinus.*

Ex stipulatione, in qua impubes sine tutore auctore spopondisti, non es obligatus. PP. k. Iul. Romae Laeto II et Cereale conss. [a. 215]

Aus einer Stipulation, mit der du als Minderjähriger etwas ohne Zustimmung des Vormunds versprochen hast, bist du nicht verpflichtet.
Zum Aushang am 1. Juli 215.

2 Imp. Alexander A. Menophilo.

(2. Konstitution:) *Kaiser Alexander* (Severus) *an Menophilus.*

Libera matrimonia esse antiquitus placuit. ideoque pacta, ne liceret divertere, non valere et stipulationes, quibus poenae inrogarentur ei qui divortium fecisset, ratas non haberi. PP. III non. Febr. Maximo II et Aeliano conss.   [a. 223]

Frei von Zwang sollen die Ehen sein; das ist von alters her die allgemeine Meinung. Daher steht fest, daß Abreden, die eine Scheidung verbieten, nicht gültig sind und Stipulationen, mit denen demjenigen, der die Ehescheidung herbeiführt, Strafen auferlegt werden, als unwirksam anzusehen sind.
Zum Aushang am 3. Februar 223.

3 Imp. Diocletianus et Maximianus AA. Isidoro.
Ut inter absentes verborum obligatio contrahi non potest, ita alteri, cuius iuri subiectus non est, aliquid dari vel restitui, nisi sua intersit,

(3. Konstitution:) *Die Kaiser Diocletian und Maximian an Isidor (principium:)* Wie unter Abwesenden eine Stipulation nicht abgeschlossen werden kann, so kann sich niemand durch Stipulation

1 nemo stipulari potest. Cum igitur	versprechen lassen, daß einem an-
...	deren, dessen Familiengewalt er
	nicht unterworfen ist, etwas gelei-
	stet oder herausgegeben werden
	soll, es sei denn, daß der Betreffen-
	de ein eigenes Interesse daran hat
	(§ 1:) Da also ...
4 Idem AA. et CC. Domnae	(4. Konstitution:) *Dieselben Kaiser*
...	*an Domna* ...

IV. Die Novellen

Die Novellen haben auf die neuere Privatrechtsentwicklung nicht in dem gleichen Maße eingewirkt wie die anderen Teile des Corpus Iuris. Auf die Novellensammlungen der Antike und des Mittelalters, auf die moderne Ausgabe von *Schoell* und *Kroll* und auf die Zitierweise ist oben (§ 22 II und III) bereits hingewiesen worden.

§ 24 Die Entstehung der Digesten und das Problem der Interpolationen

I. Das Gesetzgebungsverfahren

Seit geraumer Zeit wird die Frage diskutiert, wie die Gesetzgebungskommission Justinians die 50 Bücher der Digesten aus der unübersehbaren Fülle der klassischen Rechtsliteratur in der kurzen Zeit von knapp drei Jahren zusammenstellen konnte. Anlaß zu dieser Frage gibt schon eine Äußerung Justinians in der Konstitution, mit der er die Digesten einführte *(constitutio ‚Tanta‘).*

(C. 1. 17. 2. 1).

... *a praefato viro excelso suggestum est duo paene milia librorum esse conscripta et plus quam tricies centena milia versuum a veteribus effusa, quae necesse esset omnia et legere et perscrutari et ex his, si quid optimum fuisset, eligere.*	Von dem vorgenannten ausgezeichneten Manne (Tribonian) ist mir berichtet worden, daß von den alten Juristen fast 2000 Bücher (= je ‚Buch‘ 25–40 moderne Druckseiten) geschrieben und mehr als 3 Millionen Zeilen veröffentlicht waren, die alle gelesen und durchforscht werden mußten, um aus ihnen das Beste herauszuwählen.

Dazu mußten die Kompilatoren der Digesten auf Anordnung Justinians noch Meinungsverschiedenheiten und Widersprüche der Klassiker ausgleichen und die von Justinian verfügten Neuerungen einarbeiten (sogenannte Interpolationen).

Um die Lösung dieser Frage bemühen sich mehrere Theorien:

a) Schon 1820 legte F. Bluhme in einem Beitrag in der Zeitschrift für geschichtliche Rechtswissenschaft (Bd. 4., S. 257–472) dar, daß die Fragmente innerhalb der Digestentitel in bestimmter Weise geordnet sind. Die ersten *leges* eines Titels sind nämlich regelmäßig den Zivilrechtskommentaren, das heißt vor allem den ,*libri ad Sabinum*' (vgl. oben § 16 IV 2. 1) entnommen. Bluhme nannte diesen Teil die *Sabinusmasse*. Auf die Fragmente der Sabinusmasse folgen in den Digestentiteln fast immer Exzerpte aus den Ediktskommentaren (,*Ediktsmasse*'). Die dritte Gruppe von Fragmenten stammt aus den Responsensammlungen der klassischen Juristen. Da an der Spitze solcher Fragmente jeweils Responsen von Papinian stehen, sprach Bluhme von einer ,*Papiniansmasse*'. Mit Hilfe dieser Erkenntnis wollte Bluhme die Frage der Digestenentstehung beantworten. Er stellte die These auf, daß für jede der genannten Massen eine Unterkommission zuständig gewesen sei.

b) Man hielt die ,Bluhmesche Massentheorie' nicht für ausreichend, um die schnelle Entstehung der Digesten zu erklären. F. Hofmann hat in einer 1900 erschienenen Schrift die Auffassung vertreten, die Kompilatoren der Digesten hätten gar nicht alle klassischen Juristenschriften im Original durchgesehen, wie das Justinian in der *constitutio* ,*Tanta*' behauptet. Es seien vorher bereits in den Rechtsschulen durch Glossen erweiterte Kommentare des Ulpian *ad Sabinum* und *ad edictum* in Gebrauch gewesen. Aus diesen und ähnlichen Schriften seien die Digesten zusammengestellt worden.

c) Wenige Jahre darauf bildete H. Peters die Auffassung Hofmanns zur ,*Prädigestenhypothese*' fort: Es habe vor Justinian schon eine private Exzerptensammlung gegeben; die Gesetzgebungskommission Justinians habe eine solche umfassende Sammlung (,*Prädigestum*') nur zu überarbeiten brauchen.

d) Ähnliches nahm der italienische Forscher V. Arangio-Ruiz an: Die Kompilatoren hätten verschiedene, von ihnen vorgefundene Sammlungen, die dem Rechtsunterricht dienten, zu einer umfassenden Sammlung vereinigt.

e) Dem heutigen Stand der Forschung entspricht am ehesten die Auffassung von F. Wieacker, daß nämlich in den für den Rechtsunterricht benutzten Handexemplaren der großen Klassikerschriften bereits Hinweise auf Parallelstellen bei anderen Klassikern enthalten waren, denen die Kompilatoren der Digesten nur nachzugehen brauchten. Damit ist die ‚Bluhmesche Massentheorie‘ nicht völlig überholt. Es bleibt ein Verdienst Bluhmes, die Abfolge der verschiedenen ‚Massen‘ in den Digestentiteln erkannt zu haben. Ob dagegen für jede dieser Massen eine Unterkommission zuständig war, muß fraglich bleiben. Die Stoffaufgliederung der Massen geht vermutlich auf den Rechtsunterricht in den oströmischen Rechtsschulen zurück, wo im ersten Jahreskurs die Schriften zum *ius civile*, im zweiten die Ediktskommentare und im dritten die kasuistischen Schriften behandelt wurden.

II. Interpolationen

Justinian hatte verfügt, die Ausführungen der Klassiker dem Recht seiner Zeit anzupassen. In dem Einführungserlaß der Digesten, der mehrfach erwähnten *constitutio ‚Tanta‘*, heißt es über die Sammlung der Exzerpte aus den Klassikerschriften:

(C. 1. 17. 2. 10:)

... hoc tantummodo a nobis effecto, ut, si quid in legibus eorum vel supervacuum vel imperfectum aut minus idoneum visum est, vel adiectionem vel deminutionem necessariam accipiat et rectissimis tradatur regulis.

... Dies habe ich nur in einem bestimmten Maße ausführen lassen: Wenn nämlich etwas in ihren Rechtssätzen als überflüssig oder unvollkommen oder weniger geeignet erschien, sollte es die notwendige Ergänzung oder Verkürzung erfahren und so unter die richtigen Regeln eingereiht werden.

In der justinianischen Kodifikation ist zum Beispiel der Unterschied zwischen *res mancipi* und *res nec mancipi* (vgl. oben § 8 III 1) verschwunden. Fand sich in den Klassikerschriften eine wichtige Aussage, die sich allein auf *res mancipi* bezog, setzten die Kompilatoren statt dessen den Ausdruck *res pretiosiores* (wertvollere Sachen) ein. Ebenso wurde die *mancipatio* getilgt. Soweit die *mancipatio* bei den Klassikern als Form der Eigentumsübertragung behandelt wurde, trat an die Stelle des Wortes *mancipatio* der Begriff *traditio* (Übereignung durch Besitzübertragung). In einer Konstitution aus dem Jahre 530 (C. 5. 13. 1) hatte Justinian die *actio rei uxoriae*, die alte Klage der Frau auf Herausgabe der Mitgift nach

Auflösung der Ehe (vgl. oben §§ 9 IV, 12 II), abgeschafft und durch eine besonders gestaltete *actio ex stipulatu* (zur klassischen Formel dieser Klage vgl. oben § 9 IV) ersetzt. In den Digesten wurde daher an die Stelle von *actio rei uxoriae* allenthalben *actio de dote* (Mitgiftklage) gesetzt.

Dies sind einige Beispiele für *Interpolationen,* die sozusagen mit Händen zu greifen sind. Fraglich ist aber, ob sich die Klassikertexte nicht noch weitere Eingriffe durch die Gesetzgebungskommission Justinians gefallen lassen mußten. Um die Ermittlung solcher Eingriffe haben sich bereits die französischen Humanisten Jacobus Cuiacius (1522–1590) und Anton Faber (1547–1624) verdient gemacht. Die Interpolationenforschung nahm einen großen Aufschwung in der neuhumanistischen Richtung der romanistischen Wissenschaft im 19. Jahrhundert. Hier wurde aber der Bogen bisweilen überspannt. Jede Stelle des Corpus Iuris, deren sprachliche Fassung nicht in das Bild paßte, das man sich von der klassischen Juristensprache machte, und jede Stelle, die sich nicht in die subjektive Vorstellung einfügen wollte, die man vom klassischen römischen Recht hatte, wurde als verfälscht angesehen. Kaum eine Digestenstelle blieb unverdächtigt.

Das Übermaß an Interpolationenkritik steht in einem auffallenden Gegensatz zu den oben unter I geschilderten gleichzeitigen Rätselraten über die schnelle Entstehung der Digesten. Bei der kurzen Zeit, die der Gesetzgebungskommission Justinians zur Verfügung stand, können Veränderungen an den Klassikertexten über das von Justinian ausdrücklich vorgeschriebene Maß hinaus kaum vorgenommen worden sein. Dabei wird man eher mit Auslassungen und Verkürzungen als mit Zusätzen zu rechnen haben. Das zeigt auch der Vergleich derjenigen Texte, die einmal in den Digesten und ein zweites Mal außerhalb des Corpus Iuris überliefert worden sind. Dafür nur ein Beispiel:

In Fr. Vat. 83 (vgl. oben § 16 IV 1) ist eine Fallerörterung überliefert, die das Vermächtnis eines Nießbrauchs betrifft und in der es zum Schluß heißt, unter den Umständen des Falles gehe ein bestimmtes Recht nicht *ipso iure* verloren, aber der Prätor habe dem Nießbraucher hiergegen eine analoge Klage zu gewähren: „*... et nunc ipso quidem iure non amittet; sed praetor, subsecutus exemplum iuris civilis, utilem actionem dabit fructuario. et ita Neratio et Aristoni videtur et Pomponius probat.*"

Dieselbe Erörterung findet sich unter Angabe der Fundstelle (Ulpian, 17. Buch *ad Sabinum*) in D 7. 2. 3. 2. Dort lauten die Schlußworte aber: „*... et nunc amittet. et ita et Neratio et Aristoni videtur et Pomponius probat.*"

Die bei Ulpian geschilderte Fallösung beruht auf dem Nebeneinander des *ius civile* und des vom Prätor gestalteten *ius honorarium*. Da dieser Unterschied in der justinianischen Kodifikation nicht mehr vorhanden ist, haben die Kompilatoren die Vorlage um die betreffenden Ausführungen gekürzt und das betreffende Recht doch *ipso iure* entfallen lassen. Dabei haben sie die Hinweise auf Neratius, Aristo und Pomponius stehen lassen, obgleich bei diesen Autoren, wie wir aus Fr. Vat. 83 wissen, das Gegenteil zu lesen war.

Interpolationen sind nicht nur in den Digesten, sondern auch in den Institutionen und im Codex anzutreffen. In den Institutionen sind sie vielfach leicht durch einen Vergleich mit den Institutionen des Gaius zu erkennen. So spricht Gaius in Inst. 1. 99 von einer Adoption *„populi auctoritate"*; in den Institutionen Justinians heißt es an der entsprechenden Stelle (I 1. 11. 1) *„imperatoris auctoritate"*. Im Codex dagegen begegnet die Ermittlung von Interpolationen in den Kaiserkonstitutionen ähnlichen Schwierigkeiten wie in den Digesten.

Im modernen Schrifttum setzt man interpolationsverdächtige Passagen in eckige Klammern [...]; die vermutete klassische Fassung wird zumeist in spitzen Klammern < ... > hinzugefügt. Eine Bibliographie der modernen Schriften, die Interpolationsvermutungen enthalten, bietet der *Index Interpolationum quae in Iustiniani Digestis inesse dicuntur* (3 Bände und ein Supplementband, bearbeitet von Ernst Levy und Ernst Rabel, 1929–1935) und der *Index Interpolationum, quae in Iustiniani Codice inesse dicuntur* (1 Band, enthaltend das Schrifttum bis 1936, bearbeitet von Gerardo Broggini, 1969).

Schließlich sei bemerkt, daß bei den Texten des Corpus Iuris nicht nur mit justinianischen Interpolationen, sondern auch mit Veränderungen durch nachklassische Bearbeiter zu rechnen ist (vgl. oben § 20I).

§ 25 Das Fortwirken der justinianischen Kodifikation

I. Antike und Mittelalter

Mit dem Untergang des weströmischen Imperiums im Jahre 476 n. Chr. ließ man früher gern schon eine neue Epoche, das *Mittelalter*, beginnen. Auch wenn man dieser Auffassung folgt, sprechen gute Gründe dafür, die justinianische Kodifikation noch ganz der *Antike* zuzurechnen. Ihre Entstehung verdankt die Kodifikation der ungebrochenen Tradition des römischen Kaisertums; ihrem Inhalt nach trägt sie mehr rückschauenden als zukunftsweisenden Charakter.

In der Tat hat sich das Corpus Iuris in der praktischen Rechtsanwendung zunächst nicht bewähren wollen. Im Osten bedurfte es der oben (§ 22 IV) erwähnten griechischen Bearbeitungen, um es wenigstens in den großen geistigen Zentren am Leben zu halten. In den Provinzen des Ostens konnte es ohnedies nicht die Rolle einer alle anderen Rechtsquellen verdrängenden Kodifikation spielen. Das läßt sich daraus entnehmen, daß das syrisch-römische Rechtsbuch (vgl. oben § 21 II) in der Zeit nach Justinian in mehreren Übersetzungen verbreitet wurde.

Im Westen des Reiches blieben, wie erwähnt, die Institutionen, der Codex und zum Teil auch die Novellen *(epitome Iuliani)* bekannt. Die Bedeutung dieser Teile als Rechtsquellen scheint aber nicht erheblich gewesen zu sein. Die Digesten waren entweder verschollen, oder sie wurden infolge der Verständnisschwierigkeiten, die sie boten, nicht beachtet. Römisches Recht wirkte allerdings im Vulgarrecht fort. In der Kirche, die auch in den Germanenreichen auf Grund des Personalitätsprinzips nach römischem Recht lebte, blieb ebenfalls römisch-rechtliches Gedankengut erhalten.

Dennoch wäre das römische Recht in diesen Kanälen vermutlich versickert. Die wichtigste Quelle für den breiten Strom römischen Rechts, der sich im hohen Mittelalter und in der beginnenden Neuzeit über ganz Europa verteilte, waren die im 11. Jahrhundert wiederentdeckten *Digesten*. Ihren Inhalt dem Verständnis wiedererschlossen zu haben, ist das Verdienst der Rechtsschule von Bologna (Glossatorenschule). Sie bereitete den Weg für die Anwendung des Corpus Iuris als gemeines Recht *(ius commune)*. Als Gründer der Glossatorenschule gilt *Irnerius*, der zu Beginn des 12. Jahrhunderts in Bologna als *magister artium* (Lehrer der Philosophie) wirkte. Übrigens war Irnerius wahrscheinlich deutscher Herkunft (,Wernerius'). Wie er, versuchten seine Gefolgsleute und Schüler, den gewaltigen Rechtsstoff des Corpus Iuris mit den Methoden der Bibelexegese und der scholastischen Philosophie zu erschließen. Wenn auch den Glossatoren, wie die Angehörigen jener Rechtsschulen nach ihrer literarischen Produktion genannt wurden, das rechtsgeschichtliche Verständnis fehlte und sie manchen Text historisch falsch interpretierten, so bleibt es doch ihr Verdienst, das Corpus Iuris Justinians zur Grundlage der nachfolgenden gemeineuropäischen Rechtsentwicklung gemacht zu haben. An die exegetische Arbeit der Glossatoren, die um die Mitte des 13. Jahrhunderts in die *Glossa ordinaria* des *Accursius* einmündet, schließt sich in den folgenden Jahrhunderten eine stärker auf die Praxis gerichtete wissenschaftliche Behandlung des römischen Rechts an. Umfängliche Kommentare zu den einzelnen Teilen des Corpus Iuris und zahlreiche Konsilien (Rechtsgutachten) sind die literarischen Publikationen jener Zeit (13.–15. Jahrhundert). Die bekanntesten Persönlichkeiten unter den italienischen Kommentatoren oder Konsiliatoren sind *Bartolus* (1314–1357) und *Baldus* (1327–1400).

II. Die Rezeption des römischen Rechts

Das römische Recht in der Gestalt, die es durch die italienische Rechtswissenschaft des hohen Mittelalters erhalten hatte, drang auch über die Alpen vor. Das zersplitterte und weitgehend ungeschriebene einheimische Recht konnte dem eindringenden römischen Recht kaum Widerstand leisten. Das germanisch-deutsche Recht hatte keine wissenschaftliche Pflege gefunden, und es gab auch keinen einheimischen Juristenstand, der sich seiner angenommen hätte. Rechtsgelehrsamkeit wurde so auch in Deutschland gleichbedeutend mit der Ausbildung im römischen und im kanonischen Recht, das seinerseits stark auf dem römischen Recht fußt. Deutsche Scholaren zogen in großer Zahl an die italienischen Universitäten, um dort die juristischen Kenntnisse zu erwerben, die sie nach ihrer Rückkehr in der heimischen Gerichtsbarkeit und Verwaltung, als Stadtschreiber oder als Räte von Bischöfen und Fürsten, in die Praxis umsetzten. Diese ‚Rezeption‘ des römischen Rechts in Deutschland erhielt sozusagen den kaiserlichen Segen, als Maximilian 1495 das Reichskammergericht errichtete und ihm aufgab, bei Fehlen einer anderen Rechtsquelle „nach des Reiches gemeinen beschriebenen Rechten“ zu judizieren, worunter das Recht des Corpus Iuris zu verstehen war. Da dieses von einem römischen Kaiser, nämlich Justinian erlassen war und im Codex und in den Novellen eine umfängliche Sammlung von Kaiserkonstitutionen von Hadrian bis Justinian enthielt, und weil sich die Kaiser des ‚Römischen Reiches Deutscher Nation‘ als die Nachfolger der römischen Kaiser fühlten, erhielt das Corpus Iuris den Namen und die Autorität eines ‚kaiserlichen Rechts‘.

III. Der *Usus modernus pandectarum*

Auf die Rezeptionszeit folgte eine Periode der praktischen Anwendung und wissenschaftlichen Pflege des römischen Rechts in Deutschland, eine Periode, die man nach einem literarischen Spätwerk dieser Epoche die Zeit des ‚*Usus modernus pandectarum*‘ nennt (16. bis 18. Jahrhundert). In dieser Zeit wurden die römischen Rechtssätze in Verbindung gebracht mit den wirtschaftlichen und sozialen Verhältnissen der beginnenden

Neuzeit; es wurden diejenigen römischen Rechtssätze, die als rezipiert galten, von denen gesondert, die unanwendbar waren (wie z. B. die Regeln des römischen Sklavenrechts). In der Gerichtspraxis kam es teilweise zu einem Verschmelzen einheimischen Rechtsgutes mit dem rezipierten römischen Recht. Formal ging das partikuläre Statutarrecht dem nur subsidiär geltenden ‚gemeinen' Recht des Corpus Iuris vor. Der universalistisch denkende gelehrte Jurist war jedoch dem Statutarrecht abhold und half sich oft mit dem Satz, daß Statuten ‚eng' zu interpretieren seien. So war die Rechtswissenschaft in Deutschland bis ins 18. Jahrhundert hinein primär eine Wissenschaft des römisch-gemeinen Rechts, die flankiert wurde durch die wissenschaftliche Behandlung des Kirchenrechts und des Lehenrechts.

Dem *Usus modernus pandectarum* taten Humanismus, Reformation und Aufklärung kaum Abbruch. Gewiß wurden die Methode der wissenschaftlichen Behandlung des Rechts und die Art der Darstellung des Rechtsstoffs von den geistigen Strömungen der Zeit geprägt, aber es änderte sich nichts am Gegenstand der Rechtswissenschaft. Die Forderung der Aufklärung nach einem Vernunftrecht brachte zunächst auch nur wissenschaftliche Systeme eines Naturrechts hervor. Das Gerippe dieser Systeme wurde aber wieder mit dem Fleisch der römischen Rechtssätze bekleidet, deren Charakter als *ratio scripta* nur vereinzelt in Frage gestellt wurde.

Selbst die Kodifikationen, in denen manche Territorialstaaten am Ende des 18. Jahrhunderts und im Verlaufe des 19. Jahrhunderts das Privatrecht neu ordneten (vgl. oben § 1 unter 4.), verdrängten das römische Recht und seine wissenschaftliche Pflege nicht. Den Kodifikationen gegenüber erhielt das römische Recht die Funktion eines kritischen Maßstabs.

IV. Das 19. Jahrhundert

Das römische Recht verdankt seine überragende Rolle, die es als Gegenstand der Rechtswissenschaft im 19. Jahrhundert spielte, nicht zuletzt der *historischen Rechtsschule*, einer wissenschaftlichen Richtung, die bald nach ihrer Gründung durch Gustav Hugo (1764–1844) und Friedrich Carl von Savigny (1779–1861) an den deutschen Rechtsfakultäten den Ton angab und weit über die Grenzen Deutschlands hinauswirkte. Die selbstgestellte Aufgabe der historischen Erforschung des geltenden Rechts erfüllte die historische Rechtsschule allerdings nur bedingt. Im Vordergrund des Interesses stand das römische Recht als Idealtypus eines praktisch anzuwendenden Rechtssystems. Die Schüler Savignys bildeten diese in den Dienst der Systematik und Dogmatik gestellte Rechtstheorie fort zur sogenannten *Pandektenwissenschaft*, die die 2. Hälfte des 19. Jahrhunderts beherrschte. An Hand des römischen Rechts wurden eine Systematik und eine scharf durchgebildete Begrifflichkeit entwickelt, die Kennzeichen der kontinental-europäischen Rechtswissenschaft werden und bleiben sollten. Die Hauptwerke waren Pandektenlehrbücher; daher kommt wohl der Name ,Pandektenwissenschaft' oder ,Pandektistik'.

Im 19. Jahrhundert erlebte aber auch die rein historische Erforschung des römischen Rechts einen großen Aufschwung. Für diese Richtung der Wissenschaft soll nur der Name Theodor Mommsen (1817–1903) genannt sein. Das Interesse der rechtshistorischen Forschung des 19. Jahrhunderts und der ersten Jahrzehnte des 20. Jahrunderts (,Neuhumanismus') war vorwiegend auf die antike Rechtsentwicklung und hier speziell auf die Periode des klassischen römischen Rechts gerichtet.

V. Römisches Recht in Deutschland nach dem Bürgerlichen Gesetzbuch (BGB)

Das Bürgerliche Gesetzbuch, das am 1. Januar 1900 in Kraft trat, hat der praktischen Geltung des römischen Rechts in Deutschland ein Ende gesetzt. Es enthält aber in weiten Teilen nichts anderes als die in Gesetzesform gekleideten Ergebnisse der Pandektenwissenschaft. So ging die Pandektenwissenschaft ohne jeden Bruch über in die exegetische und dogmatische Beschäftigung mit dem BGB. Besonders sinnfällig ist dafür das dreibändige Pandektenlehrbuch von Bernhard Windscheid (1817–1892), das erstmals 1862/1870 erschienen ist und in den nach Inkrafttreten des BGB erschienen Auflagen (8. Aufl. 1900/1901; 9. Aufl. 1906) Zusätze von Theodor Kipp enthält, in denen jeweils das Recht des BGB dargestellt ist.

Die Wissenschaft vom römischen Recht war nun frei, sich allein der historischen Erforschung der äußeren Bedingungen, unter denen sich das römische Recht entwickelt hatte, und des inneren Gefüges des römischen Rechts (Begriffsgeschichte, Dogmengeschichte) zuzuwenden. Die im 19. Jahrhundert selbstverständliche Verbindung von römischem und geltendem Recht wurde aber in anderer Form aufrechterhalten. Die Vertreter des römischen Rechts an den deutschen Universitäten blieben auch dem geltenden Recht zugewandt. Die Bedeutendsten unter ihnen haben vielfach zugleich auch Hervorragendes in der Privatrechtswissenschaft und auf modernen, aufstrebenden Rechtsgebieten geleistet.

Verzeichnis der in der Literatur zum römischen Recht gebräuchlichen Abkürzungen

a.	*anno* (= im Jahre)
a. a. O.	am angegebenen Ort
A	Augustus (= Kaiser, in den Inskriptionen der Kaiserkonstitutionen; vgl. § 23 III)
AA	*Augusti* (Mehrzahl von *Augustus*)
AA	*Aulus Agerius* (Blankettname des Klägers; vgl. § 9 I 4)
A^{i}A^i	*Auli Agerii* (Genitiv von *Aulus Agerius*)
A^{m}A^m	*Aulum Agerium* (Akkusativ von *Aulus Agerius*)
A^{o}A^o	*Aulo Agerio* (Dativ oder Ablativ von *Aulus Agerius*)
A^{s}A^s	*Aulus Agerius* (s. oben unter AA)
a^o	*actio* (= Klage)
AcP	Archiv für die civilistische Praxis
a. E.	am Ende
Bas.	Basiliken (vgl. § 22 IV)
Berger	*Adolf Berger*, Encyclopedic Dictionary of Roman Law
BGB	(deutsches) Bürgerliches Gesetzbuch
BIDR	siehe unter ‚Bull‘.
Bull.	Bulletino dell' Istituto di diritto romano (Italienische Zeitschrift)
C	Caesar (in den Inskriptionen der Kaiserkonstitutionen; vgl. § 23 III)
C	Codex (ohne weitere Angaben: *Codex Iustinianus;* vgl. §§ 22, 23 III)
cf.	*confer* (= vergleiche)
CI	*Codex Iustinianus* (vgl. §§ 22, 23 III)
CIL	*Corpus Inscriptionum Latinarum*
coll.	*Collatio legum Mosaicarum et Romanarum* (vgl. § 16 IV 1)
Cod.	Codex (siehe auch oben C)
cons.	Konsul
coss.	*consulibus* (= im Jahre der Konsuln ...)
CT	*Codex Theodosianus* (vgl. § 19 IV)
D	Digesten (vgl. § 22 II, 23 II)
D	*data* (= ‚erlassen‘, in den Subskriptionen der Kaiserkonstitutionen; vgl. § 23 III)
ders.	derselbe
Dig.	Digesten (vgl. §§ 22 II, 23 II)
ed.	*editio* (= Ausgabe)

eod.	*eodem titulo* (= in demselben Titel der Digesten, Institutionen oder des Codex)
ff.	Digesten (in alten Drucken; vgl. § 23 II)
FIRA (oder FIR)	*Fontes Iuris Romani Anteiustiniani* (Italienische Ausgabe der vorjustinianischen Quellen des römischen Rechts; herausgegeben von Riccobono, Baviera, Furlani und Arangio-Ruiz)
fr.	Fragment
Fr. Vat.	*Fragmenta Vaticana* (vgl. § 16 IV 1)
Gai.	*Gai institutiones* (vgl. § 16 IV 1)
h. t.	*huius tituli* (= des betreffenden Titels der Digesten, Institutionen oder des Codex)
Heumann-Seckel	Handlexikon zu den Quellen des römischen Rechts von H. Heumann und E. Seckel
HZ	Historische Zeitschrift
I	Institutionen
ib. oder ibid.	*ibidem* (= ebenda)
i. f.	*in fine* (= am Ende)
Imp.	*Imperator* (= Kaiser, in den Inskriptionen des Codex; vgl. § 23 III)
Impp.	*Imperatores* (Mehrzahl von *Imperator*)
Ind. Int.	*Index Interpolationum* (vgl. § 24 II)
IP	*Interpretatio* zu den Paulussentenzen (vgl. § 20 II)
i. pr.	*in principio* (= am Anfang)
IRMAE	*Ius Romanum Medii Aevi* (Internationales Sammelwerk zum römischen Recht des Mittelalters)
itp.	interpoliert
IT	*Interpretatio* zum *Codex Theodosianus* (vgl. § 20 II)
Iul.	*Iulianus* (vgl. § 16 II)
Iura	Rivista internazionale di diritto romano e antico (Italienische Zeitschrift)
JuS	Juristische Schulung (Zeitschrift)
Ius Commune	Veröffentlichungen des Max-Planck-Instituts für Europäische Rechtsgeschichte, Frankfurt am Main
l.	*lex* (Gesetz oder Fragment der Digesten oder des Codex)
Labeo	Rassegna di diritto romano (Italienische Zeitschrift)
l. c.	*loco citato* (= am angegebenen Ort)
leg.	*leges* (Mehrzahl von lex = Gesetz)
Lenel, Ed.	Otto Lenel, Das *edictum perpetuum* (vgl. § 9 I 2)
Lenel, Pal.	Otto Lenel, Palingenesia iuris cilivis (vgl. § 23 II)
NJW	Neue Juristische Wochenschrift
NN	*Numerius Negidius* (Blankettname des Beklagten; vgl. § 9 I 4)
N[i]N[i]	Genitiv von *Numerius Negidius*
N[m]N[m]	Akkusativ von *Numerius Negidius*
N[o]N[o]	Dativ oder Ablativ von *Numerius Negidius*
N[s]N[s]	*Numerius Negidius*
NOV.	Novelle, Novellen (vgl. § 22 III)

NRH	Nouvelle revue historique de droit français et étranger (Französische Zeitschrift)
op. cit.	*opere citato* (im angegebenen Werk)
p.	*pagina* (= Seite)
P.	*Papyrus*
Pap.	*Papinianus* (vgl. § 16 III)
Paul.	*Paulus* (vgl. § 16 III)
pp	*proposita* (= zum Aushang gegeben; in den Subskriptionen der Kaiserkonstitutionen; vgl. § 23 III)
Pal.	Palingenesie (s. oben Lenel, Pal.)
pr.	*principium* (Anfangsteil eines Institutionentitels, Digestenfragmentes oder einer Codexkonstitution; vgl. § 23 I, II, III)
PS	*Pauli Sententiae* (vgl. § 16 IV 1)
RE	Realenzyklopädie der klassischen Altertumswissenschaft, herausgegeb. von Pauly, Wissowa, u. a.
RH	Revue historique de droit français et étranger (Französische Zeitschrift)
r°	*recto* (= Vorderseite eines Blattes)
RIDA	Revue internationale des droits de l' antiquité (Belgische Zeitschrift)
s.	*sequens* (= folgend) oder ‚siehe‘
S	*Signata* (= unterzeichnet, in den Subskriptionen der Kaiserkonstitutionen; vgl. § 23 III)
Sab.	*Sabinus* (vgl. § 16 II)
SC	*Senatusconsultum* (vgl. § 15 II)
scil.	*scilicet* (= freilich)
SCta.	*Senatusconsulta*
sch. Sin. oder schol. Sin.	*Scholia Sinaitica* (vgl. § 21 II)
SD oder SDHI	Studia et documenta historiae et iuris (Zeitschrift)
s. h. v. oder s. v.	*sub hac voce, sub voce* (Angabe des Stichwortes in Wörterbüchern u. ä.)
SPQR	*Senatus Populusque Romanus* (vgl. § 6 IV)
ss.	*sequentes* (= folgende)
SZ	Zeitschrift der Savigny-Stiftung für Rechtsgeschichte (romanistische Abteilung)
tit.	Titel (der Institutionen, Digesten oder des Codex)
TR oder TRG	Tijdschrift voor Rechtsgeschiedenis (Niederländische Zeitschrift)
TS	siehe TRG
Ulp.	*Ulpianus* (vgl. § 16 III)
Ulp. Reg.	*Ulpiani Regulae* (vgl. § 16 IV 1 d)
vat.	*Fragmenta Vaticana* (vgl. § 16 IV 1 d)
vgl.	vergleiche
VIR oder Voc Jur Rom	*Vocabularium Iurisprudentiae Romanae* (vgl. § 22 III)

v°	*verso* (= Rückseite eines Blattes)
Walde-Hofmann	Lateinisches etymologisches Wörterbuch von A. Walde und J. B. Hofmann
ZSS oder ZSSt.	Zeitschrift der Savigny-Stiftung (s. oben: SZ)

Zeittafel

(Vorbemerkung: Die frühen Daten sind wenig gesichert.)

(v. Chr.)

753	Gründung der Stadt Rom
753–510	Sagenumwobene Königszeit – *leges regiae; ius Papirianum*
510/509	Vertreibung der Könige
509	Beginn der Republik
509–450	Ständekampf (erste Phase)
494	Auszug der Plebs auf den heiligen Berg
451–449	Herrschaft der *decemviri* – Zwölftafelgesetz
449	*leges Valeriae Horatiae:* Unverletzlichkeit der Volkstribune
445	*lex Canuleia:* Ehegemeinschaft zwischen Patriziern und Plebejern
443	Einführung der Zensur
387	Gallierbrand
367	*leges Liciniae Sextiae:* Konsularverfassung – Einer der beiden Konsuln soll Plebejer sein. – Einrichtung der Prätur
326	*lex Poetelia:* Milderung der Schuldknechtschaft
304	Veröffentlichung der Prozeßformeln durch *Gn. Flavius (ius Flavianum)*
287/286	*lex Hortensia:* Gesetzesgleichheit der Plebiszite – Ende des Ständekampfes
	lex Aquilia de damno: Neuregelung des Rechts der Sachbeschädigung
254	*Tiberius Coruncanius* beginnt als erster plebejischer *pontifex maximus* mit der öffentlichen Respondiertätigkeit
um 242	Einsetzung des *praetor peregrinus*
241	Sizilien wird römische Provinz
198	*Sextus Aelius* Konsul (*ius Aelianum; tripertita*)
184	*M. Porcius Cato* Zensor
149	Tod des *M. Porcius Cato*
–	*lex Aebutia:* zivilrechtliche Anerkennung des Formularprozesses
146	Zerstörung Karthagos – Römische Provinz Afrika
133	*Tiberius Gracchus* Volkstribun: *lex agraria* – *P. Mucius Scaevola* Konsul
123	*Gaius Grachus* Volkstribun: Reformgesetze
107	*Marius* erstmals Konsul
106–43	*M. Tullius Cicero*
93	*causa Curiana*

82–79	*Sulla – leges Corneliae:* Ständige Schwurgerichte
73–71	Spartacus-Aufstand
67	*lex Cornelia:* Bindung der Magistrate an die Edikte
66	*Gaius Aquilius Gallus* Prätor (*actio de dolo*)
60	1. Triumvirat (*Caesar, Pompeius, Crassus*)
51	*Servius Sulpicius Rufus* Konsul
48–44	*Caesar* Diktator
43–32	2. Triumvirat (*Antonius, Octavian, Lepidus*)
36	Entmachtung des *Lepidus*
31	Sieg des *Octavian (Augustus)* über *Antonius* und *Cleopatra* bei Aktium
27 v. Chr.- 14 n. Chr.	*Augustus*
27 v. Chr.	Formelle Wiederherstellung der Republik
23	Ständige *tribunicia potestas* und *imperium proconsulare* für *Augustus*
19	*Imperium consulare* für *Augustus*
18	Ehegesetze (*lex Iulia de maritandis ordinibus, lex Iulia de adulteriis coercendis*)
17	Prozeßgesetze (*leges Iuliae iudiciorum privatorum* und *publicorum*)
2 v. Chr.	*lex Fufia Caninia* ⎤ Beschränkung der
4 n. Chr.	*lex Aelia Sentia* ⎦ Sklavenfreilassung
9 n. Chr.	Schlacht im Teutoburger Wald
	lex Papia Poppaea: Ehereform
14–37	Kaiser *Tiberius*
37–41	Kaiser *Gaius (Caligula)*
41–54	Kaiser *Claudius*
etwa 46	*SC. Vellaeanum:* Interzessionsverbot für Frauen
54–68	Kaiser *Nero*
69–79	Kaiser *Vespasian*
etwa 70	*SC. Macedonianum:* Verbot der Darlehensgewährung an Haussöhne
79–81	Kaiser *Titus*
81–96	Kaiser *Domitian*
96–98	Kaiser *Nerva* (Enkel des gleichnamigen Juristen)
98–117	Kaiser *Trajan*
117–138	Kaiser *Hadrian* – Blüte der klassischen Rechtswissenschaft – *SC. Tertullianum* (Erbfolge)
um 130	Abschlußredaktion der Jurisdiktionsedikte durch *Salvius Iulianus*
138–161	Kaiser *Antoninus Pius*
161–169	Kaiser *Marc Aurel* und *Lucius Verus* (nach ihrem Tode *divi fratres* genannt)
169–180	Kaiser *Marc Aurel*
178	*SC. Orfitianum* (Erbfolge)
180–192	Kaiser *Commodus*

193–211	Kaiser *Septimius Severus*
195	*oratio divi Severi* (Mündelgrundstücke)
211–217	Kaiser *Antoninus (Caracalla)*
212	Ermordnung des *Papinian* –
	constitutio Antoniniana: Ausdehnung des Bürgerrechts
218–222	Kaiser *Elagabalus*
223 oder 228	Tod des *Ulpian*
222–235	Kaiser *Alexander Severus*
235–284	Soldatenkaiser
270–275	Kaiser *Aurelianus*
284–305	Kaiser *Diocletian*
293	Schaffung der ‚Tetrarchie‘
–	*Codex Gregorianus* und *Codex Hermogenianus*
301	Höchstpreisedikt
306–337	Kaiser Konstantin der Große
313	Mailänder Toleranzedikt
321	‚Kassiergesetz‘
324/330	Konstantinopel wird Hauptstadt
342	Abschaffung des Formularverfahrens
379–395	*Theodosius I.*
391	Christentum wird Staatsreligion
395	Reichsteilung
395–408	*Arcadius* II. oström. Kaiser
395–423	*Honorius* weström. Kaiser
408–450	*Theodosius II.* oström. Kaiser
425–455	*Valentinian III.* weström. Kaiser
425	Gründung der Rechtsschule von Konstantinopel
426	‚Zitiergesetz‘
438/439	*Codex Theodosianus*
475/476	*Romulus Augustulus* weström. Kaiser, abgesetzt durch Odovakar
506	*Lex Romana Visigothorum* (*Breviarium Alaricianum*)
527–565	Justinian
528/529	erster *Codex*
530	*quinquaginta decisiones*
530–533	Entstehung der Digesten
533	Institutionen
534	*Codex* zweiter Lesung
535–582	Novellen
553/554	Einführung des *Corpus Iuris* in Italien
Anfang 7. Jhdt.	‚Anonymus‘ ⎫
867–886	*Basilius I.* ⎬ Basiliken
886–911	*Leo VI.* ⎭
um 1050	Wiederentdeckung der Digesten in Italien
1345	*Hexabiblos des Harmenopoulos*

Literaturhinweise

Die folgenden Literaturhinweise gliedern sich in einen ersten Teil, in dem Schrifttum zum Gesamtbereich der römischen Rechtsgeschichte nachgewiesen wird, und in einen zweiten Teil, in dem auf ausgewählte Schriften zu den einzelnen Paragraphen dieser Einführung aufmerksam gemacht wird. Die Hinweise beschränken sich mit wenigen Ausnahmen auf das leichter zugängliche deutschsprachige Schrifttum. Das darf dem Leser aber nicht den Eindruck vermitteln, als handele es sich um einen auch nur einigermaßen vollständigen Nachweis des einschlägigen Schrifttums. Die Wissenschaft vom römischen Recht ist eine internationale Wissenschaft. Für die Fülle der ausländischen Literatur sei auf die in Brüssel erscheinende Collectio Bibliographica operum ad ius Romanum pertinentium von Lucien Caes und R. Henrion hingewiesen. Eine repräsentative Auswahl findet der Interessierte in den Zusammenstellungen, die den unten genannten Darstellungen der römischen Rechtsgeschichte beigegeben sind.

1. Gesamtdarstellungen

A Römische Rechtsgeschichte

Umfassende Darstellung auf dem neuesten Stand:

Franz Wieacker: Römische Rechtsgeschichte, Erster Abschnitt (Einleitung, Quellenkunde, Frühzeit und Republik), München 1988, 724 S.

Kürzere Darstellungen:

Gerhard Dulckeit – Fritz Schwarz – Wolfgang Waldstein: Römische Rechtsgeschichte, Ein Studienbuch, 9. Aufl., München 1995, 371 S.
Max Kaser: Römische Rechtsgeschichte, 2. Aufl., Göttingen 1967, 327 S.
Wolfgang Kunkel: Römische Rechtsgeschichte, 9. Aufl., Köln und Wien 1980, 209 S.
Mario Bretone: Geschichte des römischen Rechts, München 1992, 471 S.

Geschichte und System des römischen Privatrechts sind zusammen behandelt von:

Herbert Hausmaninger – Walter Selb: Römisches Privatrecht, 7. Aufl., Wien und Köln 1994, 509 S.
Heinrich Honsell, Römisches Recht, Berlin und Heidelberg 2. Aufl. 1992, 203 S.
Detlef Liebs: Römisches Recht, 4. Aufl., Göttingen 1993, 306 S.

Eine gut lesbare, knappe Darstellung der römischen Rechtsgeschichte findet sich in:
Gerhard Köbler: Deutsche Rechtsgeschichte – Ein systematischer Grundriß der geschichtlichen Grundlagen des geltenden Rechts, 4. Aufl., München 1990, S. 20–83.

Quellentexte nebst Übersetzungen und eine lesenswerte rechtsgeschichtliche Einführung enthält das Buch
E. Scharr: Römisches Privatrecht – *De Romanorum iure,* Zürich und Stuttgart 1960, 1400 S.

Eine stark wertende Darstellung der römischen Rechtsentwicklung im Sinne einer Strukturanalyse enthält das unvollendet gebliebene Werk:
Rudolph von Jhering: Geist des römischen Rechts auf den verschiedenen Stufen seiner Entwicklung, 3 Teile (4 Bände), verschiedene Auflagen, erschienen seit 1852; Neudruck 1968, Aalen. Eine Leseprobe ermöglicht die 1955 in Bremen erschienene Auswahl mit dem Titel ‚Der Geist des Rechts' (S. 1–85).

In der Zielsetzung ähnlich, aber in der Ausführung ganz anders geartet, sind die viel beachteten Vorlesungen von
Fritz Schulz: Prinzipien des römischen Rechts, 1934, Nachdruck, Berlin 1954, 188 S.

Ferner sei hingewiesen auf
Ulrich v. Lübtow: Das römische Volk, sein Staat und sein Recht, Frankfurt 1955, 716 S.

und auf
Franz Wieacker: Vom römischen Recht (zehn ‚Versuche'), 2. Aufl., Stuttgart 1961, 330 S.

Zu den soziologischen Aspekten der römischen Rechtsentwicklung vgl.
Max Weber: Rechtssoziologie (Soziologische Texte, Band 2, 2. Aufl., Neuwied, Berlin 1967, 452 S. = Kapitel VII des Werkes ‚Grundriß der Sozialökonomik, 3. Abt.: Wirtschaft und Gesellschaft, 2. Aufl., Tübingen 1925).

Zum wirtschaftlichen und gesellschaftlichen Umfeld vgl.
Géza Alföldy: Römische Sozialgeschichte, 3. Aufl., Wiesbaden 1984.
Hans Kloft: Die Wirtschaft der griechisch-römischen Welt, Darmstadt 1992, 265 S.
Francesco de Martino: Wirtschaftsgeschichte des alten Rom, 2. Aufl., München 1991, 766 S.
Thomas Pekáry: Die Wirtschaft der griechisch-römischen Antike, Wiesbaden 1976.

B Römisches Privatrecht

Wer sich mit dem inneren Gefüge des römischen Privatrechts beschäftigen möchte, greife entweder zu dem großangelegten Handbuch von

Max Kaser: Das römische Privatrecht
Band 1: Das altrömische, das vorklassische und klassische Recht, 2. Aufl. München 1971, 833 S.
Band 2: Die nachklassischen Entwicklungen, 2. Aufl. München 1975, 680 S.

oder aber zu dem Kurzlehrbuch desselben Verfassers:
Max Kaser: Römisches Privatrecht, 16. Aufl., München 1992, 434 S.

Außer den oben genannten Werken, in denen die Geschichte und das System des römischen Privatrechts zusammen behandelt werden, sind zu empfehlen:
Herbert Hausmaninger und Walter Selb: Römisches Privatrecht, 7. Aufl., Wien, Köln, Weimar, 1994, 528 S.

Paul Jörs und Wolfgang Kunkel: Römisches Privatrecht, mit einem Abriß des römischen Zivilprozeßrechts von Leopold Wenger, 4. Aufl., bearbeitet von Heinrich Honsell, Theo Mayer-Maly und Walter Selb, Berlin und Heidelberg 1987, 627 S.

Ernst Rabel, Grundzüge des römischen Privatrechts, in: Holtzendorff-Kohler, Enzyklopädie der Rechtswissenschaft, Bd. 1, 7. Aufl. 1915, S. 399–558 (Nachdruck Darmstadt 1955).

Fritz Schulz: Classical Roman Law, Oxford 1961, 650 S.

C. Römisches Staatsrecht

Als immer noch grundlegende Darstellung des römischen Staatsrechts gilt:
Theodor Mommsen: Römisches Staatsrecht, 3 Bände; Bd. II und III in je zwei Abteilungen. 1. Aufl. 1871; Nachdr. der 3. Aufl. 1887, Basel und Stuttgart 1963; weiterer Nachdr. Darmstadt 1971.

Eine kurzgefaßte Ausgabe dieses Werkes ist:
Theodor Mommsen: Abriß des römischen Staatsrechts, 2. Aufl., Leipzig 1907 (Nachdruck Darmstadt 1974)

Aus neuerer Zeit sind zu nennen:
Heinrich Siber: Römisches Verfassungsrecht in geschichtlicher Entwicklung, Lahr 1952, 434 S.
Jean Gaudemet, Institutions de l'Antiquité, Paris 1967 (insbes. S. 251–828)

und die Werke des Historikers
Ernst Meyer: Römischer Staat und Staatsgedanke, 4. Aufl., Zürich und Stuttgart 1975, 565 S.
sowie ders.: Einführung in die antike Staatskunde, Darmstadt 1968, 313 S.

Über Arbeiten zur römischen Verfassungsgeschichte unterrichtet Wolfgang Kunkel in folgenden Bänden der Savigny-Zeitschrift für Rechtsgeschichte, Romanistische Abteilung:
72 (1955) 288–325; 73 (1956) 307–325; 75 (1958) 302–352; 77 (1960) 345–382.

Zum Staatsrecht der republikanischen Zeit vgl.

Jochen Bleicken: Die Verfassung der römischen Republik, 5. Aufl. 1989.
sowie ders.: Geschichte der römischen Republik, München und Wien 1980, 257 S.

D Römisches Zivilprozeßrecht

Die grundlegende moderne Darstellung des römischen Zivilprozesses auf den verschiedenen Stufen der geschichtlichen Entwicklung, in der auch die in- und ausländische Literatur umfassend nachgewiesen ist, stammt von Max Kaser:

Max Kaser: Das römische Zivilprozeßrecht, München 1966, 570 S.

E Römisches Strafrecht

Da nur moderne Einzeluntersuchungen vorliegen, ist immer noch zurückzugreifen auf

Theodor Mommsen: Römisches Strafrecht, 1899; Nachdruck Darmstadt 1961.

Von den Einzeluntersuchungen aus neuerer Zeit sei hervorgehoben:

Wolfgang Kunkel: Untersuchungen zur Entwicklung des römischen Kriminalverfahrens in vorsullanischer Zeit, Abhandlungen der Bayerischen Akademie der Wissenschaften, München 1962.

F Quellensammlungen

C.G. Bruns und O. Gradenwitz: Fontes iuris Romani antiqui, 7. Aufl. 1908; Nachdrucke 1958 und 1969.
S. Riccobono, J. Baviera, C. Ferrini, J. Furlani und V. Arangio-Ruiz: Fontes iuris Romani anteiustiniani (abgekürzt: FIRA), 2. Aufl. 1940–1943.

G Literatur zu den Quellen des Römischen Rechts

Leopold Wenger: Die Quellen des römischen Rechts, Wien 1953, 973 S.
Fritz Schulz: Geschichte der römischen Rechtswissenschaft, Weimar 1961, 462 S.

H Wörterbücher

Neben den allgemeinen lateinischen Wörterbüchern ist unentbehrlich:

H.G. Heumann und E. Seckel: Handlexikon zu den Quellen des römischen Rechts, 9. Aufl. 1907; Nachdruck Graz 1958.

Einen Wörterindex bietet das seit 1894 erscheinende, noch unvollendete

Vocabularium Iurisprudentiae Romanae (abgekürzt: VIR).

Es weist für jedes Wort die Fundstelle aus den vorjustinianischen Juristenschriften und den Digesten nach. Zu der im VIR anzutreffenden Zitierweise vgl. § 22 III.

Die wichtigsten Quellentexte sind in der Datenbank des Instituts für Römisches Recht an der Universität Linz (Prof. Dr. Marianne Meinhart und Dr. Josef Menner) gespeichert. Dorthin können Anfragen nach einzelnen Worten oder Wortgruppen gerichtet werden.

I Zeitschriften

Die bedeutendste deutsche Fachzeitschrift für das römische Recht und seine Geschichte ist die seit 1880 erscheinende

Zeitschrift der Savigny-Stiftung für Rechtsgeschichte, Romanistische Abteilung (abgekürzt: SZ oder auch ZSS oder ZSSt.).

Ihr Vorläufer war die Zeitschrift für Rechtsgeschichte, *die von 1861–1878 erschien (abgekürzt: ZRG).*

Vorwiegend Beiträge zum Fortwirken des römischen Rechts sind enthalten in:

Ius Commune, Veröffentlichungen des Max-Planck-Instituts für Europäische Rechtsgeschichte in Frankfurt am Main (seit 1967).

Auch die wichtigsten ausländischen Fachzeitschriften seien genannt:

Tijdschrift voor Rechtsgeschiedenis (Niederlande, seit 1918, abgekürzt: TR oder TRG).

Revue internationale des droits de l'antiquité (Brüssel, seit 1948, abgekürzt: RIDA).

Revue historique de droit français et étranger (Frankreich, seit 1922, abgekürzt: RH oder RHD). Der Vorläufer dieser Zeitschrift war die seit 1877 erschienene Nouvelle Revue historique de droit français et étranger (abgekürzt: NRH).

Studia et documenta historiae et iuris (Rom, seit 1935, abgekürzt: SDHI oder SD).

Bulletino dell'Istituto di diritto romano (Italien, seit 1888, abgekürzt: Bull. oder BIDR).

Iura, Rivista internazionale di diritto romano e antico (Italien, seit 1950).

Labeo, Rassegna di diritto romano (Italien, seit 1955).

K Schriftenreihen

Die beiden wichtigsten deutschen Schriftenreihen zum römischen und antiken Recht sind:

Forschungen zum römischen Recht *und*
Münchener Beiträge zur Papyrusforschung und antiken Rechtsgeschichte

L Digestenexegese

Hinweise für die Digestenexegese sind zu finden bei:

Hans Schlosser – Fritz Sturm – Hermann Weber: Die rechtsgeschichtliche Exegese, 2. Aufl., München 1993, S. 1–74.

An Übungsbüchern sind zu nennen:
Nikolaus Benke und Franz-Stefan Meissel:
Übungsbuch zum römischen Schuldrecht, 2. Aufl., Wien, 1993, 344 S.
Übungsbuch zum römischen Sachenrecht, 2. Aufl., Wien, 1991, 184 S.
Herbert Hausmaninger:
Casebook zum römischen Vertragsrecht, 5. Aufl., Wien, 1995, 390 S.
Casebook zum römischen Sachenrecht, 7. Aufl., Wien, 1993, 271 S.

2. Einzelnachweise

§ 1 Römische Rechtsgeschichte in unserer Zeit

Hans Peter: Römisches Recht in der heutigen Zeit, Schweizerische Juristen-Zeitung 1969, 269–276 (mit weiteren Nachweisen);
Helmut Coing: Die europäische Privatrechtsgeschichte der neueren Zeit als einheitliches Forschungsgebiet, Ius Commune I (1967) 1–33;
Theo Mayer-Maly: Vergleichende Beobachtungen zur Behandlung des römischen Rechts im deutschen und im österreichischen Rechtsunterricht, RIDA 11 (1964), 395–407;
ders.: Die Wiederkehr von Rechtsfiguren, Juristenzeitung 1971, 1–3;
Walter Lewald: Der Lebenswert der Rechtsgeschichte, NJW 1949, 441–445;
Paul Koschaker: Europa und das römische Recht (1947; 4. unveränderte Aufl. 1966);
Heinrich Mitteis: Vom Lebenswert der Rechtsgeschichte (1947).
Reinhard Zimmermann: Das römisch-kanonische ius commune als Grundlage europäischer Rechtseinheit, JZ 1992, 8–20.

§ 2 Zum Gegenstand der Darstellung

Zu III (antike, vergleichende und indogermanische Rechtsgeschichte):

Eine Darstellung der römischen Rechtsgeschichte im Rahmen der antiken Rechtsgeschichte bieten
Erwin Seidl: Römische Rechtsgeschichte und Römisches Zivilprozeßrecht, 3. Aufl. 1971.
Walter Selb: Antike Rechte im Mittelmeerraum, Wien, Köln, Weimar, 1993, 208 S.

Ein Beispiel für eine Einzeluntersuchung im Rahmen der indogermanischen Rechtsgeschichte bildet die Abhandlung von
Paul Koschaker: Die Eheformen bei den Indogermanen, Deutsche Landesreferate zum II. Intern. Kongreß für Rechtsvergleichung in Haag 1937, S. 77–140 b.

Für die ,vergleichende' Rechtsgeschichte sei die Schrift von
Hans Peter, Actio und writ, 1957 (122 S.)
genannt, in der das angelsächsische Prozeßrecht mit dem römischen Prozeßrecht verglichen wird und erstaunliche Parallelen aufgezeigt werden.

Zu IV (Neuere Privatrechtsgeschichte):

An erster Stelle ist zu nennen das mehrbändige

,Handbuch der Quellen und Literatur der neueren europäischen Privatrechtsge-schichte', herausgegeben von Helmut Coing, München (seit 1973).

Kürzere Darstellungen:

Helmut Coing: Epochen der Rechtsgeschichte in Deutschland, 3. Aufl., München 1976, 133 S.

Hans Schlosser: Grundzüge der neueren Privatrechtsgeschichte, 7. Aufl., Heidelberg 1993, 272 S.

Gerhard Wesenberg und Gunter Wesener: Neuere deutsche Privatrechtsgeschichte im Rahmen der europäischen Rechtsentwicklung, 3. Aufl., Lahr 1976, 244 S.

Franz Wieacker: Privatrechtsgeschichte der Neuzeit, 2. Aufl., Göttingen 1967, 659 S.

Zu § 4 Die Anfänge des römischen Staates

Über die Anfänge des römischen Staates gibt es eine reichhaltige historische Literatur. Über sie informiert vorzüglich

Alfred Heuss: Römische Geschichte (3. Aufl. 1974).

Das Werk enthält ferner eine gut lesbare und wissenschaftlich fundierte Darstellung der historischen Entwicklung des römischen Staates und seiner Institutionen.

Aus dem neueren geschichtswissenschaftlichen Schrifttum ist zu nennen

Heinz Bellen: Grundzüge der römischen Geschichte von der Königszeit bis zum Übergang der Republik in den Prinzipat, Darmstadt 1994, 245 S.

Aus dem ebenfalls recht umfänglichen rechtsgeschichtlichen Schrifttum sind außer den oben genannten Gesamtdarstellungen anzuführen:

Wolfgang Kunkel: Zum römischen Königtum, in: Ius et lex, Festgabe für Gutzwiller (1959), S. 3 ff.

und in italienischer Sprache:

P. de Francisci: Primordia civitatis, SDHI 2 (1959), sowie
Pietro Bonfante: Storia del diritto romano (Neudruck 1959).

Bonfante verficht die interessante, aber historisch nicht streng beweisbare These, der römische Staat sei durch einen Zusammenschluß souveräner Familien (gentes) entstanden.

Zu § 5 Römisches Recht der Frühzeit

Zum altrömischen Recht vgl. die oben genannten Darstellungen des römischen Privatrechts sowie die Monographien von

Max Kaser, „Das altrömische Ius" (1949) und „Eigentum und Besitz im älteren römischen Recht" (2. Aufl. 1956).

Ferner sei hingewiesen auf das Werk des dänischen Autors

C. W. Westrup: Introduction to Early Roman Law (5 Bände bis 1954; in englischer Sprache)

und auf die in französischer Sprache verfaßten Studien

„Fas et Ius" von Pierre Noailles (1948).

Zu I vgl. ferner:

Herman van den Brink: Ius fasque (1968, in holländischer Sprache) und die dazu erschienenen deutschen Besprechungen von Franz Wieacker, SZ 86, S. 477–487, und Max Kaser, TRG 37 (1969), S. 571–582.

Zu II:

Texte der „leges regiae" in FIRA I und bei Bruns-Gradenwitz I.

(Familienverfassung)

Zur umstrittenen Übersetzung und Deutung von Plutarch, Romulus 22 vgl.
A. Söllner: Zur Vorgeschichte und Funktion der actio rei uxoriae (1969), S. 74 ff.

Zu § 6 Das Staatsrecht der Republik

Auch hier ist zunächst auf das Schrifttum der Geschichtswissenschaft (vgl. den Hinweis bei § 4) und auf die oben zu C angegebene Literatur zu verweisen; vgl. ferner

A. Heuß: Zur Entwicklung des Imperiums der römischen Oberbeamten, SZ 64 (1944) 57 ff.;

J. Bleicken: Das Volkstribunat der klassischen Republik (2. Aufl. 1968);

L. Thommen: Das Volkstribunat der späteren röm. Republik, Stuttgart 1989;

E. Schmähling: Zur Sittenaufsicht der Zensoren (1938);

Arthur Stein: Der römische Ritterstand (1927; Nachdruck 1963);

Joseph Vogt: Die römische Republik (6. Aufl. 1973; Taschenbuch 1979).

Zu § 7 Die Zwölftafelgesetzgebung

Texte der Zwölftafelfragmente: in FIRA und Bruns-Gradenwitz.

R. Düll: Das Zwölftafelgesetz, Tusculum-Reihe (mit Übersetzungen und Erläuterungen).

Moritz Voigt: Die Zwölftafeln (2 Bände 1883; Nachdruck 1966);

Franz Wieacker: Zwölftafelprobleme RIDA 3 (1956) S. 460;

ders.: Die XII-Tafeln in ihrem Jahrhundert, in: Entretiens sur l'antiquité classique XIII: Les origines de la République Romaine (1967), S. 293 bis 356.

Gerhard Radke: Beobachtungen zu den leges XII tabularum, in: Festgabe für v. Lübtow (1970), S. 223–246.

Zu II:

Die radikale Kritik ist zu finden bei dem Italiener Ettore Pais, Storia (critica) di

Roma I, 1 (1898) und 2 (1915) *und dem Franzosen* E. Lambert, NRH 26 (1902) 147 ff.

Zu III (Interpretation):
Manfred Fuhrmann: Interpretatio, Sympotica Wieacker, 1970, S. 80–110.

Zu § 8 Das Recht der Zwölftafeln und seine Fortbildung
(allgemein)
Max Kaser: Das Römische Privatrecht I S. 15–156;
ders.: Das altrömische Ius (1949);
ders.: Eigentum und Besitz im älteren römischen Recht.

Zu I: *(Gesetzessprache)*
David Daube: Forms of Roman Legislation (1956).

(Prozeßrecht)
Max Kaser: Römisches Zivilprozeßrecht (1966) S. 1–106
Gerardo Broggini: Iudex arbiterve (1957).
Okko Behrends: Der Zwölftafelprozeß (1974).

Zu II und III *(Erbengemeinschaft, Testament)*
Franz Wieacker: Societas (1936).

Zu III: *(usus auctoritas)*
Theo Mayer-Maly: Studien zur Frühgeschichte der usucapio, SZ 77, S. 16–51; 78, S. 221–276; 79, S. 86–107.

Zu IV:
Ernst Levy: Die römische Kapitalstrafe (1931);
ders.: Privatstrafe und Schadenersatz (1915).
Roland Wittmann: Die Körperverletzung an Freien im klassischen römischen Recht (1972).

(Zur Spurfolge)
Joseph Georg Wolf: Lanx et licium, Sympotica Wieacker (1970) S. 59–79.

(Zum Schadensersatzrecht)
Horst Kaufmann: Rezeption und *usus modernus* der *actio legis Aquiliae* (1958).
Herbert Hausmaninger: Das Schadensersatzrecht der *lex Aquilia* 3. Aufl., Wien 1980.

Zu § 9 Die Privatrechtspflege in der republikanischen Zeit und das Entstehen des prätorischen Rechts

Max Kaser: Das Römische Zivilprozeßrecht (1966);
Gerardo Broggini: Iudex arbiterve (1957);
Bruno Schmidlin: Das Rekuperatorenverfahren (1963);
Franz Wieacker: Vom römischen Recht, S. 83 ff.

Zu I: *(Urteilsgericht)*
Franz Wieacker: Cicero als Advokat (1965);
Okko Behrends: Die römische Geschworenenverfassung (1970).

(Honoratioren als Träger der Rechtspflege):
Max Weber: Rechtssoziologie (vgl. oben zu A), insbesondere § 4, S. 238 ff.

Zu II *(legis actio in rem)* vgl. auch:
Wolfgang Kunkel: Untersuchungen zur Entwicklung des römischen Kriminalverfahrens in vorsullanischer Zeit (1962), S. 114, 137.

Zu III: *(condictio)*
Fritz Schwarz: Die Grundlage der condictio im klassischen römischen Recht (1952).

(litis contestatio)
Günter Jahr: Litis contestatio (1960);
Max Kaser: Restituere als Prozeßgegenstand (2. Aufl. 1968);
ders.: Zum Formproblem der litis contestatio, SZ 84, 1–46;
Joseph Georg Wolf: Die litis contestatio im römischen Zivilprozeß (1968).

(Geschäftsführung ohne Auftrag)
Hans Hermann Seiler: Der Tatbestand der negotiorum gestio im römischen Recht (1968).

(Ermessensspielraum des iudex)
Max Kaser: Quanti ea res est (1935);
Dieter Medicus: Id quod interest (1962);
Heinrich Honsell: Quod interest im bonae fidei iudicium (1969).

Zu IV: *(bonae fidei iudicia)*
Luigi Lombardi: Dalla fides alla bona fides (1961);
Franz Wieacker, SZ 80 (1963) 1 ff.;
Max Kaser, SZ 82 (1965) 421–425 und 83 (1966) 345;
Antonio Carcaterra: Intorno ai bonae fidei iudicia (1964);
Alfred Söllner: Zur Vorgeschichte und Funktion der actio rei uxoriae (1969) S. 141 ff.

(bonae-fidei-Verträge)
Sven Erik Wunner: Contractus (1964);
Horst Kaufmann: Die altrömische Miete (1964);
Franz Wieacker: Societas (1936).

Zu § 10 Die Entwicklung der öffentlichen Strafgerichtsbarkeit
Außer der oben genannten allgemeinen Literatur vgl.
Ernst Levy: Die römische Kapitalstrafe (1931);
Jochen Bleicken, SZ 76 (1959) 324 ff. (zur Provokation);
Wolfgang Kunkel, SZ 84 (1967) 218 ff. (zur Funktion des Konsiliums).

Zu § 11 Die frühe römische Rechtswissenschaft

Fritz Schulz: Geschichte der römischen Rechtswissenschaft (1961);
Wolfgang Kunkel: Herkunft und soziale Stellung der römischen Juristen (2. Aufl.
1967);
Helmut Coing: Zum Einfluß der Philosophie des Aristoteles auf die Entwicklung
des römischen Rechts, SZ 69 (1952) S. 24 ff.
Franz Horak: Rationes decidendi – Entscheidungsbegründungen bei den älteren
römischen Juristen bis Labeo, Bd. 1 (1969);
Uwe Wesel: Rhetorische Statuslehre und Gesetzesauslegung der römischen Juri-
sten (1967).
Dieter Nörr, Zum Traditionalismus der römischen Juristen, Festschrift Flume,
Bd. 1 (1978), S. 153–190.

Zu den soziologischen Aspekten vgl. auch Max Weber: Rechtssoziologie (s. oben
unter A).

Neben den Gesamtdarstellungen des römischen Privatrechts vgl.

Alan Watson: The Law of Obligations in the Later Roman Republic (1965);
ders.: The Law of Persons in the Later Roman Republic (1967);
ders.: The Law of Property in the Later Roman Republic (1968).

Zu II *(Stellung der Frau)*

Erich Burck: Die Frau in der griechisch-römischen Antike (Tusculum-Sammlung;
1969).
Dacre Balsdon: Die Frau in der römischen Antike (dtv, München 1989)
Jane F. Gardner: Frauen im antiken Rom (München 1995)

(Dotalsystem)

Alfred Söllner: Zur Vorgeschichte und Funktion der actio rei uxoriae (1969);
Andreas Wacke: Actio rerum amotarum (1963).

Zu § 13 Die Endphase der Republik

Aus der Fülle der historischen Literatur seien hervorgehoben:

F. Münzer: Römische Adelsparteien und Adelsfamilien, 1920 (Nachdruck 1963);
Chr. Meier: Res publica amissa (1966);
Matthias Gelzer: Caesar, der Politiker und Staatsmann (6. Aufl. 1960);
ders.: Die Nobilität der römischen Republik (1912; Nachdruck in: Matthias Gel-
zer, Kleine Schriften, Bd. 1, 1962, S. 17–135);
Helga Gesche: Caesar (1976);
R. Syme: The Roman Revolution (1939; Nachdruck 1963);
Karl Christ: Krise und Untergang der römischen Republik, 3. Aufl. (Darmstadt,
1993).
ders.: Caesar (München 1994).

Zu § 14 Der Prinzipat

Das schillernde Wesen des Prinzipats hat viele Autoren zu Abhandlungen und Stellungnahmen verlockt. Einen Einblick in die historische Forschung und Literatur geben die Sammelbände der Wissenschaftlichen Buchgesellschaft ,Augustus', herausgegeben von Walter Schmitthenner (1969) und ,Prinzipat und Freiheit', herausgegeben von Richard Klein (1969).
Vgl. ferner A. v. Premerstein: Vom Wesen und Werden des Prinzipats (1937); Jochen Bleicken: Verfassungs- und Sozialgeschichte des Römischen Kaiserreichs, 2 Bde. (2. Aufl. 1981).
Hermann Bengtson: Kaiser Augustus (1981).
Dietmar Kienast: Augustus – Prinzeps und Monarch, Darmstadt 1982; Hans Kloft (Hsg.): Ideologie und Herrschaft in der Antike, Wiesbaden 1979.

Zu II:

Christoph Sasse: Die constitutio Antoniniana (1958).
Hartmut Wolff: Die Constitutio Antoniniana und Papyrus Gissensis 40 I, Diss. Köln (1976).
Jens Peter Meincke, Erbschaftssteuer und Zivilrecht in Rom, in: Steuer und Wirtschaft 1978, 352 ff. (unter IV, 2).

Zu § 15 Die Rechtsquellen des klassischen römischen Rechts

Zu II:

Dieter Medicus: Zur Geschichte des Senatusconsultum Velleianum (1957); Marianne Meinhart: Die Senatusconsulta Tertullianum und Orfitianum in ihrer Bedeutung für das klassisch römische Erbrecht (1967).

Zu V:

Franz Horak: Rationes decidendi – Entscheidungsbegründungen bei den älteren römischen Juristen bis Labeo, Bd. 1 (1969);
Bruno Schmidlin: Die römischen Rechtsregeln (1970).

Zu § 16 Die klassische römische Rechtswissenschaft

Fritz Schulz: Geschichte der römischen Rechtswissenschaft (1961);
Wolfgang Kunkel: Herkunft und soziale Stellung der römischen Juristen (2. Aufl. 1967);
ders.: Das Wesen des ius respondendi, SZ 66 (1948) 423 ff.;
Franz Wieacker: Der römische Jurist, in: Vom römischen Recht, S. 128 ff.;
ders.: Über das Klassische in der römischen Jurisprudenz (1950);
Max Kaser: Zur Methode der römischen Rechtsfindung (1962).
Wolfgang Waldstein, Zu Ulpians Definition der Gerechtigkeit, Festschrift Flume, Bd. 1 (1978) S. 213–232.
vgl. ferner die anderen zu § 11 genannten Schriften.

Zu II:

Elmar Bund: Untersuchungen zur Methode Julians (1965);
Theo Mayer-Maly: Gaius, in: Der kleine Pauly, Band 2.

Zu IV: *(Institutionen des Gaius)*

Textausgaben von Krüger *und* Studemund *(6. Aufl. 1912),* M. David *(2. Aufl. 1964); Text auch in FIRA und den anderen Sammlungen vorjustinianischer Rechtsquellen.*

Der im 19. Jahrhundert erschienene Kommentar von Kniep *ist veraltet. Neuere Kommentare von* F. de Zulueta *(2 Bände 1946 und 1953) und* David-Nelson *(im Erscheinen seit 1954).*
Zur Bewertung der Institutionen der Gaius vgl.
W. Flume, SZ 79 (1962) 1 ff.

Zu § 17 Die Zivil- und Strafgerichtsbarkeit unter dem Prinzipat

Max Kaser: Das Römische Zivilprozeßrecht (1966), S. 339 ff.;
Hans Volkmann: Zur Rechtsprechung im Prinzipat des Augustus (2. Aufl. 1969);
J. M. Kelly: Princeps iudex (1957);
J. Bleicken: Senatsgericht und Kaisergericht (1962);
Wolfgang Kunkel: Über die Entstehung des Senatsgerichts (1969).

Zu III:

Rudolf Freudenberger: Das Verhalten der römischen Behörden gegen die Christen im 2. Jahrhundert (2. Aufl. 1969).

Zu § 18 Rechtsvorstellungen und Rechtsgrundsätze im Zeitalter des klassischen römischen Rechts

Zu I:

Ludwig Mitteis: Reichsrecht und Volksrecht in den östlichen Provinzen des römischen Kaiserreichs (1891).

Zu III:

L. Friedlaender: Darstellungen aus der Sittengeschichte Roms (mehrere Auflagen; Neudrucke 1964 und 1979).
(pacta dotalia)
A. Söllner: Zur Vorgeschichte und Funktion der actio rei uxoriae (1969), S. 93 ff.

(Verträge zugunsten Dritter)
Gerhard Wesenberg: Verträge zugunsten Dritter (1949).

Zu § 19 Der Dominat

Alexander Demandt: Die Spätantike, München 1989;
Jochen Bleicken: Prinzipat und Dominat (1978);

Franz Wieacker: Recht und Gesellschaft in der Spätantike (1964);
Gudrun Stühff: Vulgarrecht im Kaiserrecht (1966);
Hans Georg Beck: Das byzantinische Jahrtausend (1978).
Heinrich Chantraire: Die Nachfolgeordnung Constantins des Großen (1992).

Über die Person des Hermogenian und sein Werk informiert
Detlef Liebs: Hermogenians Iuris Epitome (1964).

Zum Codex Theodosianus gibt es einen auch heute noch wertvollen Kommentar des Humanisten Jacobus Gothofredus (mehrere Auflagen, erstmals 1583).

Zum Einfluß des Christentums vgl.

Biondo Biondi: Il diritto romano cristiano (3 Bände in italienischer Sprache, 1952–1954).

Zu § 20 Das Vulgarrecht

Max Kaser: Das Römische Privatrecht, Band 2 (1959);
Franz Wieacker: Allgemeine Zustände und Rechtszustände gegen Ende des weströmischen Reichs, IRMAE I 2a (1963);
ders.: Textstufen klassischer Juristen (1960).
Ernst Levy: West Roman Vulgar Law, The Law of Property (1951);
ders.: Weströmisches Vulgarrecht, Das Obligationenrecht (1956).

Zu § 21 Die Rechtsschulen im Osten des Rechtes

Franz Wieacker: Recht und Gesellschaft in der Spätantike (1964);
Fritz Pringsheim: Beryt und Bologna, in: Gesammelte Abhandlungen, Bd. 1 S. 391 ff.
H. J. Marrou: Geschichte der Erziehung im klassischen Altertum (1977), insbesondere S. 532 f., 567 ff., 595 f.

Zu II:

Die erhaltenen Bruchstücke der Sinai-Scholien sind mit lateinischer Übersetzung in FIRA II abgedruckt.

Das syrisch-römische Rechtsbuch ist herausgegeben worden von C. G. Bruns und E. Sachau. In FIRA findet sich eine lateinische Übersetzung. Zum Inhalt der Schrift vgl.

W. Selb: Zur Bedeutung des syrisch-römischen Rechtsbuchs (1964).

Zu § 22 Die Entstehung der justinianischen Kodifikation

(Übersetzungen)

Eine Übersetzung des gesamten Corpus Iuris ins Deutsche von Otto, Schilling und Sintenis (7 Bände; 1830–1833) ist veraltet.

Eine neue Übersetzung von Okko Behrends, Rolf Knütel, Berthold Kupisch und Hans Hermann Seiler ist im Erscheinen begriffen.

Es liegen bereits vor:

Band I, Die Institutionen, Text und Übersetzung, Heidelberg 1990, 301 S. (auch als Taschenbuch 1993 erschienen)

Band II, Digesten 1–10, Text und Übersetzung, Heidelberg 1995, 862 S.

Zu II:

Karl-Heinz Schindler: Justinians Haltung zur Klassik (1966).

Zu III:

Fritz Schulz: Einführung in das Studium der Digesten (1916).

Zu IV:

Johannes M. Sontis: Die Digestensumme des Anonymos (1937).

Die Basiliken und ihre Scholien sind zu benutzen in einer neuen Ausgabe von H. J. Scheltema, N. Van der Wal *und* D. Holwerda *(im Erscheinen begriffen seit 1953). Ältere Ausgabe von* C. G. E. Heimbach *(6 Bände, 1853–1870).*

Zu § 23 Die einzelnen Teile des Corpus Iuris

Über die mittelalterliche Zitierweise unterrichtet:

Hermann Kantorowicz: Die Allegationen im späteren Mittelalter, Archiv für Urkundenforschung 13 (1935) 15–29 = Rechtshistorische Schriften hsg. von H. Coing und G. Immel (1970) 81–92 = Das römische Recht im Mittelalter, hsg. von E. J. H. Schrage (1987) 71–88.

Zu § 24 Die Entstehung der Digesten und das Problem der Interpolationen

Zu I: *(Theorien zur Digestenherstellung)*

Neben F. Bluhme, a. a. O. vgl.

F. Hofmann: Die Kompilation der Digesten Justinians (herausgegeben von I. Pfaff, 1900);

H. Peters: Die oströmischen Digestenkommentare und die Entstehung der Digesten (1913);

V. Arangio-Ruiz: Precedenti scolastici del digesto (1931) und Rariora (1946) 169 ff.;

Franz Wieacker: Corpus Iuris, in: Vom römischen Recht, S. 242 ff.

Zu II: *(Interpolationen)*

Fritz Schulz: Einführung in das Studium der Digesten (1916);

Max Kaser: Zum heutigen Stand der Interpolationenforschung, SZ 69 (1952) S. 60 ff.

ders.: Ein Jahrhundert Interpolationenforschung (1979)

Franz Wieacker: Textkritik und Sachforschung, SZ 91 (1974) S. 1 ff.

Beispiele für die frühere extreme Interpolationenkritik sind zu finden bei
G. v. Beseler: Beiträge zur Kritik der römischen Rechtsquellen, 5 Hefte (1910 bis 1931).

Zu § 25 Das Fortwirken der justinianischen Kodifikation

Vgl. die Angaben zu § 2 IV sowie
E. J. H. Schrage (Hsg.): Das römische Recht im Mittelalter, Darmstadt 1987
Reinhard Zimmermann: The Law of Obligations, Roman Foundations of the Civilian Tradition (1990), 1241 S.

und die Besprechung dieses Werkes von
Dieter Giesen, JZ 1992, 33–35.

Quellenregister

Die Zahlen beziehen sich auf die Seiten. Hauptfundstellen (Text und Übersetzung) erscheinen in Kursivschrift.

I. Juristische Quellen

A) Vorjustinianische Rechtsquellen und Schriften

B) Corpus Iuris Civilis

Personen- und Sachregister

Anzeigen

Literatur zur Alten Geschichte

Karl Christ
Geschichte der römischen Kaiserzeit
Von Augustus bis Konstantin
3., durchgesehene und erweiterte Auflage. 1995.
IX, 875 Seiten mit 61 Abbildungen. Leinen
Beck's Historische Bibliothek

Alexander Demandt
Die Spätantike
Römische Geschichte von Diocletian bis Justinian 284–565 n. Chr.
1989. XVIII, 612 Seiten mit 3 farbigen Karten. Leinen
(Handbuch der Altertumswissenschaft)

Roman Herzog
Staaten der Frühzeit
Ursprünge und Herrschaftsformen
1988. 331 Seiten mit 4 Karten. Gebunden

Herbert Jennings Rose
Griechische Mythologie
Ein Handbuch
Aus dem Englischen übertragen von
Anna Elisabeth Berve-Glauning
8. Auflage. 1992. XII, 441 Seiten. Broschiert

Paul Zanker
Augustus und die Macht der Bilder
2., durchgesehene Auflage. 1990.
369 Seiten mit 351 Abbildungen.
Broschierte Sonderausgabe

Franz Wieacker
Römische Rechtsgeschichte
Quellenkunde, Rechtsbildung,
Jurisprudenz und Rechtsliteratur
Erster Abschnitt:
Einleitung, Quellenkunde, Frühzeit und Republik
1989. XXVI, 724 Seiten. Leinen
(Handbuch der Altertumswissenschaft)

Verlag C. H. Beck

Beck's Archäologische Bibliothek

Peter C. Bol
Antike Bronzetechnik
Kunst und Handwerk antiker Erzbildner
1985. 212 Seiten. 136 Abbildungen.
Broschiert

Wolfgang Decker
Sport und Spiel im Alten Ägypten
1987. 212 Seiten mit 132 Abbildungen.
Broschiert

Ernst Künzl
Der römische Triumph
Siegesfeiern im antiken Rom
1988. 171 Seiten. 100 Abbildungen.
Broschiert

Harald Mielsch
Die römische Villa
Architektur und Lebensform
1987. 181 Seiten. 106 Abbildungen.
Broschiert

Wolfgang Müller-Wiener
Grieschisches Bauwesen in der Antike
1988. 221 Seiten. 113 Abbildungen.
Broschiert

Ingeborg Scheibler
Griechische Töpferkunst
Herstellung, Handel und Gebrauch
der antiken Tongefäße
2., neubearbeitete Auflage. 1995.
224 Seiten. 166 Abbildungen.
Broschiert

Verlag C. H. Beck